FRANZ HIMPSL · DIRK VON GEHLEN

WIE KI DEIN LEBEN BESSER MACHT

FRANZ HIMPSL
DIRK VON GEHLEN

WIE KI DEIN LEBEN BESSER MACHT

50 DENKANSTÖSSE FÜR EINEN ENTSPANNTEREN ALLTAG

KÖSEL

MIX
Papier | Fördert gute Waldnutzung
FSC® C014496

Penguin Random House Verlagsgruppe FSC® N001967

Umschlag: zero-media.net, München
Umschlagmotiv: FinePic®, München
Satz: Satzwerk Huber, Germering
Druck und Bindung: GGP Media GmbH, Pößneck
Printed in Germany
ISBN 978-3-466-37342-0

www.koesel.de

INHALT

1. LOS GEHT'S

[von Dirk und Franz] Die Idee für dieses Buch wurde an einem historisch winterlichen Dezembertag geboren. Noch nie zuvor war an einem Tag so viel Schnee gefallen. Wir saßen in der Cafeteria der *Süddeutschen Zeitung*, wärmten uns die winterkalten Hände an unseren Cappuccinotassen und stellten bei unserem Gespräch schnell fest, dass uns gerade dasselbe Thema umtrieb: Die künstliche Intelligenz war für uns beide innerhalb kurzer Zeit von einem digitalen Nischenthema zu einem Fixstern unserer Arbeit geworden. Uns wurde damals klar, dass diese Entwicklung Ausdruck einer großen Veränderung ist. Dirk erzählte davon, wie irritierend es war, sich mit einem Chatbot konfrontiert zu sehen, der seinen eigenen Schreibstil nachahmen konnte. Und Franz berichtete von den Höhen und Tiefen mit seinem eigenen KI-Stimmklon »FranzBot«, die ihn und seine Kolleg:innen im zurückliegenden Jahr beschäftigt hatten.

Klar war: Da ist etwas Neues in unserem Leben, und es wird alles ändern.

Konkret merken wir als Head of Content Innovation bei der Wissens-App Blinkist beziehungsweise als Direktor des Digital-Thinktanks der *SZ* schon heute sehr deutlich, dass künstliche Intelligenz die Art und Weise ändert, wie mediale Inhalte produziert werden. Und wir ahnen, wie profund die Konsequenzen in vielen anderen Bereichen sein werden. In diesem Buch spüren wir diesen Verschiebungen nach. Wir tun dies nicht nur deshalb, weil wir die KI-Revolution dokumentieren wollen, sondern vor allem deshalb, weil wir glauben, dass auch du davon profitieren kannst. Auch dann, wenn du keine IT-Spezialist:in bist, sondern einfach nur offen für Neues und interessiert an Abkürzungen, Vereinfachungen und Lifehacks.

Es gibt viele Diskussionen, die die politischen, philosophischen und sozialen Folgen der KI-Revolution in den Blick nehmen. Sie stellen Fragen wie: Wird es irgendwann eine KI geben, die so etwas wie ein Bewusstsein hat? Wer haftet für Handlungen, die von einer künstlichen Intelligenz ausgeführt werden? Wie reguliert man große KI-Unternehmen? Oder: Was ist die beste Waffe gegen KI-generierte Desinformation? Diese Diskussionen sind wichtig; und dennoch fällt uns auf, dass sie oft alarmistisch und abstrakt geführt werden, nach dem Motto »Wollen wir das mit der KI überhaupt?«. Das ist geradezu skurril, denn wenn man mit offenen Augen durch die Welt geht, kommt man nicht umhin, festzustellen, dass künstliche Intelligenz sowieso schon längst im Alltag angekommen ist: in unseren Büros, in unseren Autos, in der Medizin, in den Lehrplänen der Unis – und in unseren mobilen Endgeräten sowieso.

Das hier ist deshalb ein persönliches, anwendungsorientiertes Buch, das dich und dein Leben im Mittelpunkt hat und dir Denkanstöße zum Umgang mit der KI gibt. Du findest hier Tipps, wie du Zeit bei der Wissensorganisation und der Bewältigung deines Alltags sparst, außerdem Schritt-für-Schritt-Anleitungen zum Ausprobieren, etwa wie du dir mit einem Chatbot eine Art Denkmaschine bauen kannst. Zudem bietet dir dieses Buch eine Reihe von Reflexionen, die dir helfen, mit der ganzen Widersprüchlichkeit der Chancen und Beschränkungen von KI souverän umzugehen und im Spiegel der intelligenten Maschinen deine menschliche Intelligenz besser verstehen zu lernen.

Denn von einem sind wir überzeugt: Wenn ich klug mit einer Technologie umgehen will, muss ich begreifen, was diese

Technologie kann und ausmacht. Ich muss intentional mit ihr umgehen und dafür muss ich auch meine Fähigkeiten und Begrenzungen kennen. Für uns jedenfalls war die erstaunlichste Erkenntnis nicht mal, dass die KI schon vieles kann und einiges historisch ändert – sondern wie viel man durch das Interagieren mit jener KI über sich selbst lernt.

Wir sprechen im Folgenden zunächst über unseren ganz persönlichen Eindruck von der KI-Revolution, dann übers Prompten mit Chatbots, über Text-to-Speech, Bilderzeugung, KI-Kreativität und vieles mehr, das du im Alltag verwenden kannst. Denkanstöße findest du am Ende jedes Kapitels, Begriffserklärungen im Glossar ganz am Schluss.

» In diesem Sinne: Mach mit und komm auf unsere KI-Entdeckungsreise.

TEIL I

TOOLS FÜR EIN BESSERES LEBEN

2. DER GROSSE KI-MOMENT

[von Franz] Bevor wir unseren Streifzug durch die Alltagsanwendungen der künstlichen Intelligenz antreten, müssen wir über einen besonderen Moment in der jüngeren Vergangenheit sprechen. Ich würde jede Wette eingehen, dass er in hundert Jahren in keiner Doku über die Zwanzigerjahre dieses Jahrhunderts fehlen wird. Und doch scheint er den meisten Menschen verborgen geblieben zu sein. Vielleicht liegt das daran, dass wir gewohnt sind, solche historischen Ereignisse mit eindrucksvollen Nachrichtenbildern zu verbinden: Panzer rollen über einen Platz, eine Weltraumrakete steigt in den Himmel auf, eine Politikerin hält eine Rede im Parlament. Das Ereignis, von dem die Rede ist, war indes ein virtuelles, kein visuelles.

Am 30. November 2022 machte das US-Forschungsunternehmen OpenAI die Anwendung ChatGPT der Öffentlichkeit zugänglich. OpenAI-Mitgründer Greg Brockman verkündete am 5. Dezember stolz auf Twitter, ChatGPT habe in den ersten fünf Tagen bereits eine Million Nutzer gewonnen.[1]

Technisch beruhte ChatGPT auf dem Sprachmodell GPT-3, das im Juni 2020 eingeführt worden war und das, so war zu lesen, 175 Milliarden Lernparameter beinhaltete. Ist das viel? Ist das wenig? Der Technikjournalist Christian Stöcker ordnete die Zahl im August 2020 so ein: »Ein menschliches Gehirn verfügt über etwa 100 Billionen Synapsen. Eine Billion sind tausend Milliarden. GPT-3 ist also weit davon entfernt, ein Gehirn zu simulieren, aber es ist hundertmal umfangreicher als sein auch schon ziemlich eindrucksvoller Vorgänger GPT-2.«[2]

Wenn man Technologie von der technischen Seite her denkt, könnte man solche Entwicklungen einfach als kontinuierliche Verbesserung sehen: Auf GPT-2 folgt GPT-3 folgt GPT-4, so wie auf den Golf VII der Golf VIII folgte und auf die Playstation 4 die Playstation 5. Aber das sind nur Zahlen. Aus menschlicher Sicht ist Technologie nicht nur eine bloße Abfolge von Versionsnummern und besseren Leistungsdaten. Denn hin und wieder gibt es Sprünge, die so groß sind, dass sie einen kategorialen Unterschied machen, weil sie uns ein anderes Grundgefühl bei der Nutzung vermitteln. Das iPhone war, als es 2007 eingeführt wurde, auch so ein Beispiel. Es gilt nicht deshalb als revolutionär, weil es einen besonders schnellen Prozessor oder viel Speicher hatte, sondern weil es die Art und Weise, wie wir mit Mobiltelefonen interagieren, neu bestimmte: mit Fingereingabe und einer intuitiven Benutzeroberfläche, die auf die Bedürfnisse der Nutzer:innen zugeschnitten war.

Was also war das völlig Neue an ChatGPT und dem zugrunde liegenden Modell GPT-3? Aus Anwender:innensicht war die Antwort einfach: Bisher waren Chatbots ziemlich dumm gewesen, aber ChatGPT war ziemlich klug; bisher waren gute Antworten eine Glücksfrage gewesen, aber jetzt waren sie die Norm; bisher hatte sich die Interaktion mit solchen Bots als Interaktion mit einer Maschine angefühlt, jetzt fühlte sie sich an wie die Interaktion mit einem Menschen.

Meine erste Begegnung mit Chatbots war jene mit Karl – einer animierten Büroklammer, die Teil des Office-97-Pakets war. Karl fragte einen gerne und, wenn man ehrlich ist, auch ein wenig zu aufdringlich, wie er behilflich sein könne. Und manchmal war er das tatsächlich: Wenn man eingab, dass man eine Tabelle oder einen Brief erstellen wolle, wies Karl den Weg zur entsprechenden Funktion in Word. Aber Karl war auch ziemlich beschränkt.

Er lernte nicht dazu, er ging nicht auf meine Präferenzen ein, sondern er löste einfach bei bestimmten vorher definierten Triggern – »Brief« oder »Tabelle« – bestimmte Aktionen aus.

Seit 2011 begleitet mich Siri. Die Sprachassistentin wäre sicher beleidigt, würde sie (oder er? oder es?) erfahren, dass ich sie in eine Ahnenreihe mit Karl Klammer einsortiere, aber tatsächlich gehörte die frühe Siri für mich dorthin. Denn in den ersten Jahren ihrer Existenz hatte sie mit Karl gemein, dass sie nicht gut genug war, um mich wirklich zu bereichern. Klar, die Software reagierte auf menschliche Sprache und konnte einige unterschiedliche Anfragen verarbeiten. Das war ganz nett, wenn man, sagen wir, gerade ein Baby auf dem Arm trug und schnell wissen wollte, wie die Champions-League-Viertelfinal-Ergebnisse lauten, ohne sein Handy berühren zu müssen.

Aber sobald die Themen auch nur ein wenig komplexer wurden, häuften sich die Antworten, die wenig brauchbar sind. Auch heute noch bekomme ich einfach zu oft nicht das, was ich möchte, als dass ich Siri als Informationsquelle beständig in mein Leben lassen möchte. Früher wurden meine Fragen oft gar nicht verstanden. Legendär der Moment, als ich mit dreckigen Händen vor der Knetschüssel stand und Siri fragte, wie ich den Strudelteig weniger klebrig mache, nur um die Antwort zu erhalten, dass dies nach einem ernsten Problem klinge und Siri gerne meine Notfallkontakte anrufen könne. »Nein, Siri, nein!« Gut, mittlerweile bekomme ich auf »Wie pumpe ich einen Fahrradreifen auf?« oder »Wie hat sich der Zweite Weltkrieg auf unsere heutige Welt ausgewirkt?« wenigstens Linklisten mit ein paar einigermaßen nützlichen Seiten – aber googeln kann ich selbst.

ChatGPT ist anders. Es ist ein Browserfenster, das ich offen lasse, weil ich weiß, dass ich dort Fragen aus den unterschiedlichsten Lebensbereichen stellen kann und dass ich in den meisten Fällen sinnvolle, kohärente Antworten erhalte. »Wie pumpe ich einen Fahrradreifen auf?« Ergibt eine Schritt-für-Schritt-Anleitung einschließlich verschiedener Ventiltypen. »Wie hat sich der Zweite Weltkrieg auf unsere heutige Welt ausgewirkt?« erzeugt eine ausführliche, aber nicht überbordend volle Liste mit den wichtigsten Aspekten: geopolitische Neuordnung, europäische Integration, Dekolonialisierung, wirtschaftliche Entwicklung, Verschiebung der Machtzentren, kulturelle Auswirkungen. Damit kann man arbeiten.

Man sollte dabei nicht vergessen, dass ChatGPT und KI-Anwendungen im Allgemeinen eine lange Vorgeschichte haben. Das, was wir heute unter künstlicher Intelligenz verstehen, ist kein Phänomen, das erst in den Zwanzigerjahren dieses Jahrhunderts zum Thema wurde. Schon viel früher, in den Neunzigerjahren, gab es erstaunliche Fortschritte: Einfache Algorithmen des maschinellen Lernens wurden bereits damals in der Medizin genutzt, um Strukturen in Röntgenbildern zu klassifizieren. 1995 fuhr im Rahmen eines Forschungsprojekts ein Versuchswagen fast durchgehend autonom von München nach Kopenhagen. Und auch der Sieg des Schachcomputers Deep Blue gegen den damaligen Schachweltmeister Garri Kasparow im Jahr 1997 ist heute noch vielen im Gedächtnis.

Bei alledem handelte es sich allerdings nur um einzelne Anwendungen. Der qualitative Sprung nach vorne, den wir jetzt in der KI erleben, hat etwas damit zu tun, dass sich die Ausgangsbedingungen gleich auf mehreren Ebenen deutlich verbessert haben: die Modelle und Algorithmen; die Verfügbarkeit von Daten, mit denen man diese Modelle füttern kann; und die Rechenleistung und Energieeffizienz der Prozessoren, die die Daten verarbeiten.

Wenn sich Expert:innen über die Entwicklung der künstlichen Intelligenz äußern, dann wird oft gesagt, dass wir uns aufgrund dieser zunehmend günstigen Bedingungen auf einer exponentiellen Wachstumskurve befänden, dass also das Wachstum nicht linear, sondern in beschleunigter Weise zunehme. Fakt ist: Die KI ist in vielen Bereichen so gut geworden, dass dies ins Bewusstsein ganz normaler Anwender:innen gedrungen ist. Die Einführung von ChatGPT im November 2022 mag technologiegeschichtlich insofern nur ein kleiner Schritt gewesen sein, dem viele vorausgingen und viele folgen werden; aber für unser kulturelles Bewusstsein war es eine wichtige Wegmarke. Ein Symbol dafür, dass wir am Beginn einer Epoche stehen, in der künstliche Intelligenz nicht nur in Forschungslaboren zu Hause ist, sondern zu einem Teil unseres Alltags geworden ist.

Zeit also, sie gebührend willkommen zu heißen.

» Der KI-Fortschritt hat sich enorm beschleunigt. Wenn du auf dem neuesten Stand bleiben willst, empfehlen wir dir, einen allgemeinverständlichen KI-Newsletter zu abonnieren, zum Beispiel jenen des *Human Magazins* oder *Natürlich intelligent* von *ZEIT Online*.

3. DAS MUSTER DER GROSSEN SORGE

[von Dirk] Vielleicht ist die eindringlichste künstlerische Verarbeitung der Angst vor der Wirkmacht von KI keine moderne Science-Fiction oder ein dystopischer Horrorfilm, sondern ein Zeichentrickfilm aus dem Jahr 1940. Damals brachte Disney in *Fantasia* ein Narrativ auf die Leinwand, das sehr anschaulich die Sorgen illustriert, die heute mit der Nutzung von KI verbunden sind.

Zu sehen ist dabei, wie Micky Maus einen Hut findet, der ihm Zauberkräfte verleiht und mit dessen Hilfe er einen gewöhnlichen Besenstiel zum magischen Gehilfen macht: Der Besenstiel kann nämlich Wassereimer tragen. Eine Tätigkeit, die Micky vorher mühsam selbst erledigen musste. Mithilfe eines auf Imitation und Nachahmung angelegten Trainingsprogramms (Micky zeigt dem Besenstiel Schritt für Schritt, wie die Eimer zu tragen sind) wird der Besenstiel in die Lage versetzt, das Wassertragen selbst auszuführen. Und zwar so gut, dass es nur kurze Zeit später zum Problem wird. Er hört nämlich nicht mehr auf.

Das Motiv, dass ein Zauber außer Kontrolle gerät, ist aber keineswegs erstmals von Mickey Maus entdeckt worden. Im Märchen *Der süße Brei* von den Gebrüdern Grimm findet sich das gleiche Muster: Eine Hunger leidende Familie erhält durch einen zauberhaften Topf Zugang zu unbegrenztem Brei. Da die Mutter aber den stoppenden Zauberspruch vergisst, kocht und kocht der Topf, bis er zunächst überquillt und anschließend gleich die ganze Stadt unter Brei begräbt.

Die Sorge, dass eine unerklärliche Technologie außer Kontrolle gerät, ist also weit älter als die Errungenschaften der künstlichen Intelligenz. Das Motiv überträgt sich aber sehr deutlich auf unsere Debatten und Ängste im Umgang mit KI: Sie wird mehr Wissen erzeugen, als wir verarbeiten können. Sie wird nicht aufhören, auch wenn wir gar keine Wassereimer mehr benötigen. Sie wird diese unablässig tragen und tragen – und schließlich das ganze Haus unter Wasser setzen, ohne dabei auf Folgen des Tuns oder Kontexte des Handelns zu schauen. So das Szenario in *Fantasia* und so auch heute die zentrale Sorge im Umgang mit künstlicher Intelligenz.[3]

Das wirkt unheimlich – denn die Erzählung von KI, der wir folgen, bedient ein Muster, das der Psychiater Ernst Jentsch bereits im Jahr 1906 in seinem Aufsatz »Zur Psychologie des Unheimlichen« wie folgt beschrieben hat: »Einer der sichersten Kunstgriffe, leicht unheimliche Wirkungen durch Erzählungen hervorzurufen, beruht nun darauf, dass man den Leser im Ungewissen darüber lässt, ob er in einer bestimmten Figur eine Person oder etwa einen Automaten vor sich habe.«[4] Genau dieser Effekt wird spürbar in der Diskussion, ob eine KI denn vielleicht eine Seele haben könnte – eine unheimliche Vorstellung, gepaart mit dem unbarmherzigen Zielerreichungswillen und der Unterordnung aller möglichen Folgen für uns Menschen unter einem unflexiblen und konsequent verfolgten Ziel.

Ob diese Sorge berechtigt oder unberechtigt ist, lässt sich zwar im Moment nicht final beantworten. Doch mir gefällt dahin gehend die Einschätzung von Kevin Kelly, dem Chefredakteur des Computermagazins *Wired*: »Wer Angst vor einer die Menschheit unterjochenden KI hat, überschätzt nicht nur KI-Systeme, sondern auch die Bedeutung von Intelligenz. Um die Welt zu ändern, braucht es mehr als nur Intelligenz: Raffinesse,

Kooperation, Einfühlungsvermögen oder Ausdauer. Es sind nicht unbedingt die intelligentesten Menschen, die etwas auf die Beine stellen.«[5] Sicher ist jedenfalls, dass in diesem Muster der großen Technologie-Sorge eine klare Lehre steckt. Und zwar eine für uns Menschen. Denn der Mensch unterscheidet sich von der Maschine dadurch, dass er auch mal *inkonsequent* ist; *pragmatisch reagieren* kann und *nicht alles einem großen Ziel unterordnet.*

Diese drei Entwicklungslinien werden wir uns im Folgenden noch genauer ansehen, denn um besser mit der KI umzugehen, sollten wir uns auch stärker damit auseinandersetzen, was nicht-maschinell, also menschlich sein sollte. Genau diese Erkenntnis ist es nämlich, die dem Außer-Kontrolle-Geraten der Maschine nach unserem Sorgemuster vorbeugen kann.

Der zentrale Pfad im Umgang mit KI ist die Mustererkennung, also die Fähigkeit wiederkehrende Schemata zu sehen und daraus Schlüsse zu ziehen. Je mehr Daten die KI bekommt, umso leichter kann sie diese Muster erkennen und daraus Prognosen erstellen. Ein Muster, das die KI erkennen wird, ist die genannte Erzählung der großen Sorge. Statt also dem Panik-Narrativ aus dem Märchen zu folgen, könnten wir aber auch beginnen, ein anderes Muster zu wählen, um uns selbst von den Herausforderungen der KI zu erzählen: die Heldenreise.

Jede bekanntere Geschichte, ob in Film oder im Roman folgt diesem immer gleichen Ablauf, der einem Muster folgt – das von Menschen und nicht von Maschinen bedient wird. Das Muster der Heldenreise (beginnt stets mit dem Aufbruch des Helden aus einem bekannten Umfeld und führt über mehrere Prüfungen und Rückschläge über einen Spannungsbogen zu einem Erkenntnisziel) bestimmt schon immer die Art, wie wir uns Geschichten erzählen (lassen). Wenn es also um den Umgang mit

Mustern und um die menschliche Emanzipation geht, lohnt es sich, auf eine Metaebene zu treten – und den eigenen Umgang mit Werkzeugen wie KI aus der langfristigen Perspektive zu betrachten.

» Wenn wir aus dem Muster der großen Sorge ausbrechen wollen, müssen wir uns auch vergegenwärtigen, was uns als Menschen ausmacht. Diese Haltung kann helfen, die Angst zu durchbrechen und stattdessen eine eigene Heldengeschichte mit bzw. über KI zu schreiben. Der wichtigste Startpunkt ist dabei, KI eine Rolle in deinem Leben zu geben: indem du sie aktiv als Helfer in deinem Alltag nutzt.

4. EIN WERKZEUGKASTEN

[von Franz] Es war ein warmer Vormittag im April und ich saß im Garten. Ich hatte mir vorgenommen, die ersten Zeilen für dieses Buch zu tippen, ließ mich aber dann doch von einer Signal-Nachricht ablenken. Mein Freund Simon hatte mir geschrieben und er wirkte aufgebracht. Das war ungewöhnlich, denn Simon ist eigentlich von der analytischen Sorte: Ingenieur, Softwareentwickler, Prozessoptimierer.

Ich klickte auf das YouTube-Video, das er mitgeschickt hatte. Es zeigte eine Präsentation auf einer Entwicklerkonferenz, die Jensen Huang, der Gründer des Chipherstellers Nvidia, vor Kurzem gehalten hatte.[6]

Ich ahnte schon, worum es gehen würde. In letzter Zeit war viel von Nvidia die Rede gewesen, auch außerhalb der Technologie-Nischenmedien. Die Firma hatte gerade eine Wachstumsgeschichte hinter sich, wie es sie selten gibt. Zuerst hatten sich in der Corona-Pandemie viele Leute mit Hardware eingedeckt, um sich das Eingesperrtsein mit 3-D-Spielen aufzuhübschen. Und dann kam direkt die Zeit, in der alle anfingen, von künstlicher Intelligenz zu sprechen, und in der der Durst der Datenzentren nach KI-optimierten Chips unstillbar wurde. Gewinn: in einem Jahr fast versechsfacht. Gute Zeiten für den Konzern aus Santa Clara.

Es war der vorläufige Höhepunkt eines ersten KI-Hypes, in dem sich alles um immer mehr Rechenleistung drehte und der mittlerweile durch die Ankunft der ressourcensparenden chinesischen DeepSeek-Modelle schon wieder etwas abgekühlt ist. Die Nvidia-Keynote war damals aber extrem selbstbewusst: Man wollte zeigen, dass man sich an der Speerspitze einer alles verändernden Revolution wähnte. Man sparte nicht an Pathos, als zu Beginn der Präsentation ein Videofilm eingespielt wurde, in dem die künstliche Intelligenz höchstselbst die Hauptrolle innehatte.

Das Publikum sah ein Bild des Universums, und aus dem Off deklamierte eine weibliche Stimme, die ebenjene künstliche Intelligenz darstellen sollte, »I am a visionary, illuminating galaxies to witness the birth of stars.« Die KI, legte das Video nahe, sei eine universelle Helferin, die uns unter anderem ermögliche, zu verstehen, wie Sterne entstehen. Es folgte eine Aneinanderreihung dessen, was sie darüber hinaus zu leisten imstande sei: uns ein besseres Verständnis von Extremwetter-Phänomenen geben; Blinde über viel befahrene Straßen führen und den Stummen eine Stimme verleihen; aus erneuerbaren Energien gewonnenen Strom speichern und einer Zukunft den Weg bereiten, in der es saubere Energie für alle gibt; Roboter lehren, wie sie Menschenleben retten; Krankheiten heilen; Symphonien komponieren. Ganz am Ende, bevor der lederbejackte Firmenchef auf die Bühne trat, war in weißen Kleinbuchstaben auf schwarzem Hintergrund zu lesen: »i am ai«.

»Was hältst du davon, KI zu personifizieren?«, fragte Simon.

»Gutes Marketing«, antwortete ich.

Die künstliche Intelligenz ist ja eigentlich ein ziemlich vielfältiges Konglomerat unterschiedlicher Fachdisziplinen, Forschungs- und Anwendungsfelder, von der Objekterkennung über die Robotik und statistische Vorhersagemodelle bis zur Verarbeitung natürlicher Sprache. Aber das alles passt natürlich nicht in einen emotionalen Film von 3 Minuten 24 Sekunden. Und deshalb begnügte man sich mit der stark vereinfachten Botschaft: Seht her, *ich bin* die KI. Das Video war voller plakativer Hauptsätze, aber so ist Firmen-PR nun mal. Rein handwerklich war das Ganze nicht schlecht gemacht, und überhaupt ist so eine Allegorie immer hilfreich, wenn man die Leute nicht mit ausufernden Erklärungen langweilen will.

Simon aber, der tief in der Materie steckte und auch gerne mal bei philosophischen Stammtischen über die Grundprinzipien des maschinellen Lernens referierte, hielt überhaupt nichts davon, »die« KI als echte Person mit einer Menge positiver Eigenschaften darzustellen. Schon gar nicht dann, wenn sie als Heilsbringerin gezeichnet wird. Denn, sagte er: »Das Ganze könnte man auch umdrehen: Was ist mit Deepfakes, Internetkriminalität, Fake News, Hackerangriffen, die von KI unterstützt werden? Haben wir etwa das personifizierte Böse geschaffen?« Simon fand, solche rhetorischen Manöver seien nicht sehr hilfreich, sie weckten nur Ängste, »dass morgen der Terminator kommt«.

Ich musste lange über diesen Einwand nachdenken, denn ganz von der Hand zu weisen ist er nicht.

Ich glaube aber auch, so ganz ohne Vereinfachungen und vermenschlichende Darstellungen – die sogenannten Anthropomorphismen – kommt man nicht aus, wenn man über die Anwendung von KI spricht. Das liegt nicht nur am cleveren Marketing der Betreiberfirmen, sondern auch daran, dass viele dieser Systeme dafür gemacht sind, in natürlicher Weise mit uns Menschen zu interagieren. Dass man manchmal vergisst, dass am anderen Ende kein Homo-sapiens-Gehirn ist, sondern ausgeklügelte Algorithmen, ist deshalb gewissermaßen Teil des Konzepts. Im Alltagsgebrauch ist das kein Problem, sondern ein Vorteil, denn es macht natürliche Interaktion möglich.

Was indes irreführend ist, ist die Vorstellung, es gebe die »eine« künstliche Intelligenz – ein Wesen mit einem Willen, einer Agenda. Der Punkt geht an Simon. Denn wenn man das glaubt, driftet man leicht in eins von zwei Lagern ab: das jener, die glauben, dass die KI »böse« sei und eines Tages den Untergang der Zivilisation einläuten werde, oder das jener, die – wie der erwähnte Werbefilm – der festen Überzeugung sind, sie sei zutiefst »gut« und führe uns auf direktem Weg in ein irdisches Paradies.

Die sogenannte »allgemeine künstliche Intelligenz«, die alle denkbaren intellektuellen Aufgaben mindestens genauso gut wie Menschen lösen kann und möglicherweise sogar eine Art Bewusstsein haben wird, ist bisher nur ein theoretisches Konstrukt, eine Fiktion, von der niemand weiß, wann und ob sie Realität werden wird. Bisher sind KI-Anwendungen darauf beschränkt, *bestimmte* intellektuelle Tätigkeiten in einer menschenähnlichen oder Menschen übertreffenden Qualität auszuführen.

Das kann einen großen Nutzen bringen, aber natürlich auch große Risiken. So warnt der Historiker Yuval Noah Harari, sprachmächtige KI-Anwendungen gefährdeten unsere Demokratie, weil sie im Dialog Intimität herstellen und dadurch Menschen in ungeahnter Weise beeinflussen könnten.[7] Die Informatikerin Katharina Zweig weist darauf hin, dass die Sprachmodelle, die Anwendungen wie ChatGPT zugrunde liegen, auf Wahrscheinlichkeiten und Trainingsdaten aus dem Internet basieren. Da es aber viele unwahre Sätze gibt, die im Internet weit verbreitet sind – etwa dass die US-Wahl 2020 manipuliert gewesen sei –, bestehe hier die Gefahr, Falschinformationen zu reproduzieren.[8] Und der Hirnforscher Manfred Spitzer fürchtet, dass KI-Anwendungen gerade für ungebildete Menschen eine Gefahr darstellen, weil es für sie besonders schwierig sei, KI-generierten Manipulationsversuchen zu trotzen und Wahres von Falschem zu trennen.[9]

Das ist alles richtig und zeigt, dass KI-Aktivitäten ein klarer Rahmen gesetzt werden muss. Aber es erzeugt auch den Eindruck, dass da eine große, bedrohliche Welle auf uns zukommt: In der öffentlichen Debatte sprechen wir über die künstliche Intelligenz gerne als etwas, das gewissermaßen über uns hereinbricht. Diese wahrgenommene Passivität hat etwas damit zu tun, dass viele – die Autoren eingeschlossen – davon überrumpelt wurden, was gerade im Bereich der generativen KI alles möglich geworden ist. Aber das heißt nicht, dass es so bleiben muss. Wir sind jedenfalls der Überzeugung, dass zur technikgetriebenen Frage »Was ist machbar?« die menschzentrierte Frage kommen muss: »Was machen wir jetzt damit?«

Also: Beginnen wir dieses Buch mit der Feststellung, dass die KI keine okkulte Kraft ist, kein Engel, keine Glücksfee und auch keine apokalyptische Reiterin. Sondern ein interdisziplinärer Forschungsbereich, der Anwendungen hervorbringt, die bestimmte Aufgaben besser lösen, als das mittels linearer Programmierung oder althergebrachter statistischer Methoden der Fall war. Welche Teilaspekte und Konzepte sie umfasst – vom maschinellen Lernen über die natürliche Sprachverarbeitung bis hin zur generativen KI –, das haben wir im Glossar aufgelistet. Wenn wir hier aber bei den alltagsnahen Sprachbildern bleiben wollen, dann können wir sagen: Die KI ist ein Werkzeugkasten. Daraus folgt dann aber auch, dass es an uns ist, zu entscheiden, was wir mithilfe der darin enthaltenen Werkzeuge bauen.

In diesem Buch wird also viel von Technik die Rede sein, aber die Hauptrolle hat der Mensch. Wir nehmen nicht die Perspektive der KI-Konzerne ein, die sich gerade für den Wettstreit um die Vorherrschaft in einem Billionen-Dollar-Markt positionieren, sondern die der Anwender:innen – derjenigen, die sich jetzt fragen, was die künstliche Intelligenz in den nächsten Jahren in Sachen Lebensverbesserung ganz konkret zu bieten hat. Und das ist eine Menge.

» Behandle KI als eine Art Werkzeugkasten. Welche Werkzeuge darin liegen, das zeigen wir dir im Verlauf des Buches. Überlege dir, wie du die Tools ganz konkret einsetzen kannst, um dein Leben ein Stück besser zu machen.

5. EIN ENTSPANNTERER ALLTAG

[von Franz] Im Untertitel unseres Buches sprechen wir von einem entspannteren Alltag. Wie genau ist das gemeint? Zunächst einmal liegt uns ein entspannter Umgang *mit der KI* am Herzen: Wir hoffen, in diesem Buch zeigen zu können, dass man sie ganz pragmatisch nutzen kann, ohne sich gleich von Hypes und Untergangsszenarien stressen zu lassen. Zum anderen glauben wir an einen Entspannungseffekt *dank KI*, der sich auf drei Weisen einstellt.

Die erste ist die offensichtlichste. KI wird heute schon dafür genutzt, das Zur-Ruhe-Kommen in einem hektischen Alltag effektiver zu gestalten. Meditations- und Achtsamkeits-Apps wie Headspace oder Calm gewinnen immer mehr Nutzer:innen und verwenden Algorithmen, um ihre Inhalte auf die Nutzungs- und Lebensgewohnheiten der User:innen anzupassen. Das reicht von der individualisierten Meditationsbegleitung bis hin zum Schlaftracking. Personalisierung ist hier das Zauberwort.

Zweitens ist wichtig, zu verstehen, dass auch die beste Meditationsroutine allein nicht zu einem entspannteren Alltag verhelfen kann, wenn dieser Alltag chaotisch, unstrukturiert und voller schier unbewältigbarer Aufgabenhaufen steckt. Eine ebenso triviale wie universale Wahrheit des heutigen Lebens ist, dass der einzige Weg zur Seelenruhe darin besteht, schlicht und einfach seine Dinge geregelt zu kriegen. Und genau hierbei kann man KI als Quell smarter Hilfestellungen sehen, die dafür sorgen, dass das, was erledigt werden muss, schneller und vielleicht sogar besser erledigt wird.

Und schließlich gibt es mit Blick auf die Entspannung noch einen dritten Gesichtspunkt, der etwas mit der Art der Nutzung von KI-Anwendungen zu tun hat. Denn ihr Grundprinzip ist ja, dass sie Aufgaben, um die sich früher Menschen kümmern mussten, selbst erledigen; ihre Bedienerfahrung wird dadurch reduzierter und fokussierter. Stellen wir uns vor, ich will wissen, welche Arten von Holzkohlegrills es gibt. Frage ich ChatGPT danach, bekomme ich eine einfache, gut strukturierte Übersicht. Gebe ich hingegen »Holzkohlegrill Arten« in Google ein, werde ich erst mal überflutet von Links zu Webseiten unterschiedlicher Qualität. Bis ich die ersten fünf Treffer überflogen und die dort enthaltenen Informationen miteinander abgeglichen habe, vergeht Zeit, und die Chance, dass ich auf diesen Webseiten von irgendwelchen blinkenden Bildchen abgelenkt werde, ist groß. Im schlimmsten Fall lande ich irgendwo, wo ich nicht hinwollte, und habe schon vergessen, was ich eigentlich wollte: nämlich nur eine schnelle Info zu den Arten von Holzkohlegrills.

Das ist nur ein kleines Beispiel für ein generelles Übel: Unser Zugang zum Weltwissen läuft über die Internetsuche – und ist dadurch gespickt von kommunikativen Leuchtfeuern, die deine Aufmerksamkeit an sich reißen wollen. Umso größer ist der Appeal von KI-Anwendungen, die einen Alltag nicht nur deshalb entspannter machen, weil sie Probleme lösen, sondern auch deshalb, weil sie *nur* ein Problem lösen, ohne dich abzulenken.

» Probier's einfach mal aus und verwende zum Beispiel ChatGPT für die nächste Recherche, die du eigentlich ins Google-Suchfeld getippt hättest. Und wenn es dich interessiert, beschäftige dich mal mit dem »Humane AI Pin«. Das war ein früher Versuch, mittels KI einen ablenkungsfreien Alltagsbegleiter zu schaffen: ein Gerät zum Anpinnen, mit dem man einfach nur reden kann. Auch

wenn die Technik noch in den Kinderschuhen steckt: Die Richtung ist eine gute. Wir werden bald mehr davon sehen, wenn Spracherkennung und Rechenleistung weiter fortgeschritten sind.

6. DAS ENDE DES DURCHSCHNITTS IST DER ANFANG NEUER PROBLEME

[von Dirk] Es wirkt vermutlich gelassen und gleichzeitig gebildet, gleich am Anfang eines Buchs über die Wirkung von KI mit einem Zitat des griechischen Philosophen Epiktet zu beginnen. Dem Stoiker wird die Beobachtung zugeschrieben, dass es nicht die Dinge selbst seien, die uns beunruhigen, sondern die Meinungen, die wir davon haben. Wie richtig diese Beobachtung über unsere Freude an der Bewertung ist, lässt sich gut mit einem Gedankenspiel illustrieren: Wenn wir zum Beispiel schon seit Jahrhunderten die Vernetzung des Internets kennen und auch die Möglichkeiten der KI nutzen würden und jetzt jemand auf die Idee käme, ein Buch zu erfinden, würden wir dieser neuartigen Erfindung (die du gerade in den Händen hältst) sehr skeptisch begegnen. Das hat gar nichts mit den objektiven Produkteigenschaften eines Buches (und auch nichts mit der konkreten Qualität dieses Buches hier) zu tun, sondern mit einem biografischen Bias: Wir geben dem Bekannten und Bewährten einen Bewertungsbonus, das Neue und Unbekannte finden wir hingegen verstörend – und nicht selten auch gefährlich.

Wenn wir also in einer komplett digitalen Welt das Papier-Buch erfinden würden, käme sicher jemand auf die Idee, an dessen Sinn zu zweifeln: ein Text, der unveränderlich für alle und überall gleich ist. »Das ist doch langweilig«, würde bestimmt die eine oder andere Mahner:in öffentlich schreiben und weitere bedrohliche Nachteile des Buches benennen (an den Seiten kann man sich ja schneiden! Und was tun, wenn das Buch

Feuer fängt oder ins Wasser fällt und wir kein Back-up in der Cloud haben?). Was sicher kritisiert werden würde, ist jedoch die einseitige Ausrichtung des Buches in formalen Fragen: Warum entscheidet das Buch und nicht die Leserin oder der Leser, in welcher Sprache es gerade gelesen werden kann? Diese Frage erscheint mit unserem eigenen biografischen Bias abseitig. Denn Bücher haben diese Entscheidung ihrem Publikum schon immer abgenommen. Sie erscheinen in einer spezifischen Ausgabe auf *eine* Art und Weise – und bleiben dann bei jeder Leserin und jedem Leser auf der ganzen Welt zu jedem Zeitpunkt gleich.

Durch die erste Welle der Digitalisierung wurden technische Voraussetzungen geschaffen, das anders zu denken. Es ist heute möglich, Inhalte auf Publikumsseite nicht nur zu sortieren, sondern sogar entstehen zu lassen. Ein Navigationsgerät ersetzt den Verkehrsfunk durch eine personalisierte Route statt einer Meldung für alle. Der Streamingdienst bietet auf meine Interessen zugeschnittene Musikauswahl statt »Das Beste der 80er, 90er und von heute«, was das Mainstream-Radio auszeichnete. Ich nenne diesen Vorgang »Das Ende des Durchschnitts« und finde, dass ein Buch über die menschlichen Vorteile der künstlichen Intelligenz diese Möglichkeiten erwähnen und vielleicht sogar in die Tat umsetzen sollte.[10]

Also starteten Franz und ich unser erstes Telefonat mit dem Verlag ganz zu Beginn unserer Recherchen unter anderem mit der Frage: Wie wäre es eigentlich, wenn wir eine konkrete Anwendung der künstlichen Intelligenz nicht nur beschreiben, sondern *im* Buch zeigen würden: Wir könnten das Buch doch in unterschiedlich gegenderten Sprachformen anbieten. Statt vorab die Fragen zu diskutieren, die zu Beginn der 2020er-Jahre in allen Buchverlagen immer wieder diskutiert wurden (»Schreibst du im generischen Maskulinum? Wählst du eine inklusive Sprachweise, und wenn ja, welche?«), können wir dem Publikum doch die Möglichkeit geben, zu wählen, in welcher Form es den Text jeweils lesen will.

Mithilfe gegenwärtiger LLMs ist es möglich, Texte nach Publikumsinteresse übersetzen zu lassen – also die Entscheidung vom Sender zu den Empfängern zu übertragen. So könnte jemand, der lieber im generischen Maskulinum liest, sich einen gegenderten Text einfach in dieser Form übersetzen lassen und umgekehrt. Wer sich an Doppelpunkt oder Binnen-i stößt, kann automatisiert ein Sternchen einsetzen lassen oder auch das ganze Buch im generischen Femininum lesen. Technisch ist diese Übersetzung von Texten heute schon möglich, es würde aber heißen: Dieses Buch muss in so vielen Varianten vorliegen, wie es Leserinnen und Leser gibt, bzw. in so vielen Varianten, wie es Präferenzen gibt. Denn gedruckte Bücher sind auf Unveränderlichkeit ausgelegt.

Wir sprachen sehr lange und sehr intensiv über diese Idee. Wir haben technische Ansätze abgewogen und sind der Frage gefolgt, welche Möglichkeiten und Limitationen sich uns bieten. Am vorläufigen Ende sind wir zu dem Schluss gekommen, dass wir beispielsweise mehrere E-Book-Versionen mit je eigener Leser:innenansprache und ISBN auf den Markt hätten bringen können, was aber wohl eher Verwirrung gestiftet hätte, als es hilfreich gewesen wäre: In diesem Buch gibt es daher nur eine Form des Genderns mit »:«. Die Idee, unzählige digitale Varianten des Buches mithilfe einer KI je nach Nutzer:innen-Interesse erstellen zu lassen, haben wir aber nicht verworfen: Wir schicken sie vielmehr als Denkanstoß in die Zukunft.

Denn auch wenn es aus pragmatisch-organisatorischen Gründen für dieses Buch zu wenig entspannt erschien, unzählige Textvarianten entstehen zu lassen, heißt das nicht, dass es unmöglich wäre. In naher Zukunft wird mindestens dieses Kapitel von der Realität eingeholt werden.

Was aber auch dann bleibt, ist die Frage der Einordnung der neuen Möglichkeiten: Denn das Ende des Durchschnitts ist gleichzeitig auch der Anfang (mindestens) eines neuen Problems. Unsere Idee von Sprache und von Öffentlichkeit wurde im 20. Jahrhundert als Singular angelegt. Dass wir beide Begriffe künftig vermutlich eher im Plural denken müssen, stellt nicht nur Gesellschaftstheoretiker:innen, sondern auch Felder wie Öffentlichkeitsarbeit, den Kunst- und Kulturbetrieb oder die Politik vor große Herausforderungen. Die angedeutete Gender-Lösung zum Beispiel ist für Unterstützer:innen wie Gegner:innen nämlich eins ganz sicher nicht: eine tatsächliche Lösung. Denn durch die Publikums-Lösung wird ja die Störung umgangen, die beide Seiten auf jeweils unterschiedliche Weise erzwingen wollen. Die große Frage, die wir in Zukunft beantworten werden müssen, ist, ob es im Zeitalter der radikalen Personalisierung noch die Aufgabe von Verlagen und Medien sein soll, durch redaktionelle Entscheidungen eine Art Normwert zu setzen.

» Durch die Möglichkeiten von KI verschiebt sich die Macht zwischen Sendern und Publikum in Richtung der Empfänger:innen, die aktiv werden bzw. stärker mitbestimmen können. Der Wandel von der Lautsprecherkultur zu einer Welt der Kopfhörer-Kultur erfordert von dir mehr Medienkompetenz und Reflexionsfähigkeit.

TEIL II

LERNE DEINEN WERKZEUG-KASTEN KENNEN

7. PROMPTEN MIT FINGERSPITZENGEFÜHL

[von Franz] Anwendungen wie Claude, ChatGPT oder Gemini liefern portioniertes Allgemeinwissen, fassen lange Texte zusammen, erkennen Muster und Stimmungen, verändern auf Wunsch den Sprachstil, machen Problemlösungsvorschläge. Sie spucken nicht nur Text aus, sondern auch Bilder, Datenvisualisierungen, Formeln oder Code-Fragmente, die man direkt weiterverwenden kann.

Als ich anfing, zu erforschen, wie ich all diese Fähigkeiten konkret in meinem Arbeitsalltag verwenden konnte, drängte sich eine Frage auf, bei der ich mich kaum traute, sie meinen Kolleg:innen zu stellen, weil sie mir so banal vorkam: Wie genau unterhält man sich eigentlich mit so einem Chatbot?

Heute weiß ich, dass das keine banale Frage ist. Denn ChatGPT und Kollegen haben einen Paradigmenwechsel in der Interaktion von Mensch und Maschine mit sich gebracht und der erfordert ein Umdenken.

Bisher hatte man mit einfacher Sprache einfache Probleme lösen können: »Karl Klammer, ich möchte einen Brief erstellen.« »Alexa, wie wird das Wetter morgen?« Wenn man hingegen tiefe, komplexe Resultate haben wollte, musste man mit der Maschine auf eine technische, streng formalisierte Art interagieren, und in vielen Fällen musste man programmieren können. »Erstelle ein Script in Python, das Nutzerpräferenzen analysiert und auf Basis dessen ein Empfehlungssystem für Kinofilme erstellt«: So eine Aufgabe ist komplex und beinhaltet eine Menge Denkschritte, die man früher selbst in die Programmiersprache übersetzen musste. Heute reicht es, den Chatbot mit einem einfachen Prompt in natürlicher Sprache zu befragen, vielleicht noch auf die eine oder andere Rückfrage zu reagieren, und schon kommt am anderen Ende – häufig – etwas Brauchbares heraus. Diese Fähigkeit kann man sich auch im Alltag zunutze machen, etwa, indem man ein Excel-Problem beschreibt und ChatGPT darum bittet, daraus eine Formel zu bauen, die man direkt kopieren und einfügen kann.

Das ist eine bemerkenswerte Entwicklung. Schon allein deshalb, weil man keine absolute Präzision braucht. So, wie natürliche Sprache eine gewisse Toleranz für Unschärfe hat, funktionieren auch KI-Prompts ähnlich gut, ob man nun diese oder jene leicht abweichende Formulierung verwendet. Ob ich jetzt »Schreib mir eine Liste …« oder »Erstelle eine Aufzählung …« eingebe, wird keinen großen Unterschied machen. In dieser Hinsicht ist das Prompten also das Gegenteil von Programmieren, wo jeder Befehl einer rigiden Syntax entsprechen muss.

Das heißt indes nicht, dass jeder Prompt gleich gut ist – es ist ja auch nicht jeder in natürlicher Sprache gesprochene Satz gleich gut. Was also sind die Regeln für erfolgreiches Prompten?

Ich habe im Lauf der Zeit verstanden, dass das *Prompt Engineering*, also der geschickte Einsatz von Texteingaben, die einen möglichst guten Output erzeugen sollen, zwar nach Hightech klingt, aber eigentlich eher mit traditioneller Handwerkskunst vergleichbar ist. Dabei geht es um Fingerspitzengefühl – und nicht ums strikte Abarbeiten vordefinierter Routinen. Dieses »Engineering« erinnert weniger an einen Ingenieur und mehr an eine, sagen wir, Schreinermeisterin in einer Werkstatt, die über die Jahre gelernt hat, wie hart sie den Hammer auf welches Holz klopfen, welche Säge sie benutzen muss und welcher Leim sich für die Art von Möbelstücken, auf die sie sich spezialisiert hat, am besten eignet: Beim Prompten wird man durch Erfahrung besser. Klar, es lohnt sich auch, die Leitfäden durchzulesen, die die Chatbot-Anbieter auf ihren Webseiten veröffentlichen, oder sich in den sozialen Medien in Sachen Prompts inspirieren zu lassen. Aber den größten Teil macht das Prinzip »Versuch und Irrtum« aus, denn wenn man mit der KI komplexere Probleme lösen möchte, können wir davon ausgehen, dass niemand vor exakt derselben Herausforderung steht wie wir selbst.

Das ist denn auch meine erste Grundregel für gute Prompts: Verwende höchstens zehn Prozent deiner Zeit darauf, dich darüber zu informieren, wie es andere machen oder was *allgemein* empfohlen wird – und mindestens 90 Prozent darauf, verschiedene konkrete Varianten auszuprobieren: Nutze unterschiedliche Chatbots, unterschiedliche Sprachmodelle, unterschiedliche Eingabereihenfolgen. Arbeite dich im Dialog mit der KI vor und modifiziere Prompts immer wieder, bis etwas herauskommt, was deinen Ansprüchen gerecht wird. »Trial and error« ist besser als jedes Handbuch.

Apropos Handbuch. Als ich anfing mit dem Prompten, bestellte ich mir aus Neugier eines der ersten gedruckten Werke zum Thema. Es trug den selbstbewussten Titel *The AI Content Creator's Handbook: The Ultimate Guide to Creating Content with Artificial Intelligence* und war geschrieben worden von einem gewissen T. J. Foster – offenbar ein Pseudonym.[11]

Das Buch war ganz offensichtlich nicht nur über, sondern auch *mithilfe von* KI geschrieben, und es war fürchterlich. Eine ganz eigentümliche Mischung aus extrem fein gegliederten Unterkapiteln – das Inhaltsverzeichnis hatte achteinhalb eng bedruckte Seiten, auf denen jeder denkbare Aspekt des Themas ohne ersichtliche Gewichtung aufgezählt wurde – und oberflächlichen Ausführungen voller Gemeinplätze wie: »Im ständig wechselnden Umfeld der digitalen Kommunikation ist die Erstellung von fesselndem, bedeutungsvollem und zeitgemäßem Content zur Lebensader von Unternehmen, Vermarktern, Influencern und Kreativprofis geworden.« All das aber, was ein gutes Buch ausmacht – Konkretion, Beispiele, Geschichten, die hängen bleiben –, war hier Mangelware.

Ich erwähne das nicht, weil ich mich gerne über andere Autoren lustig mache, sondern weil sich anhand des Buches viel über die erste Zeit der KI-Chatbot-Verwendung nach der großen ChatGPT-Euphorie lernen lässt. Manche Leute dachten damals, man könne mit der KI einfach jede Art von Prosa in akzeptabler Qualität erzeugen, sodass jene, die über das Wissen verfügen, was gute Prosa ist, aus dem Stand abgeschafft werden könnten; dabei war es offenbar nicht mal möglich, eine mitreißende Einführung ins Thema der generativen KI mit eben jener generativen KI zu erzeugen. Jedenfalls nicht, wenn man mit generischen Prompts arbeitet wie »Schreibe ein Kapitel zu Thema XY« und dann einfach das Ergebnis in ein Buch kopiert. Da muss schon etwas mehr hinzukommen.

Damit aus Prompts gute Resultate hervorgehen, braucht es einen Menschen, der weiß, was er will, und das, was er will, auch ausformulieren kann. Wer generische Outputs und abgedroschene Phrasen vermeiden möchte, der muss dem Bot ein gewisses Maß an Kontext mitgeben. Deshalb lautet meine zweite Grundregel des Promptens: Mach dir *vorher* Gedanken, was genau du haben willst: Welchen Sprachstil und welche Sprachfarbe möchtest du erzeugen? Welches Format? Welche Quellen sollen einbezogen werden? Für welche Zielgruppe ist das Resultat gedacht? Je mehr du über diese Fragen vorher reflektiert hast, desto besser bist du in der Lage, dem Chatbot Hintergründe zu deinen Anweisungen zu geben, und desto besser werden die Ergebnisse.

Im Grunde gelten hier also dieselben Regeln wie auch für zwischenmenschliche Gespräche: Je konkreter du selbst bist, desto greifbarer auch das Ergebnis. Wenn du einen wohlwollenden Menschen jammernd fragst »Wie kriege ich es nur hin, dass es mir besser geht?«, wirst du eine vagere Antwort bekommen, als wenn du ihn fragst: »Welche Schritte kann ich unternehmen, um den Stress zu bewältigen, den ich als Software-Ingenieur erfahre, weil ich mit dem Zeitdruck nicht gut klarkomme? Lass uns gemeinsam auf Basis dieser drei Produktivitätsbücher hier eine Liste der fünf wichtigsten Punkte erarbeiten und jeweils einen nächsten Umsetzungsschritt bestimmen.«

Gutes Prompten ist also im Kern nichts anderes als lösungsorientiertes Formulieren. Das setzt lösungsorientiertes Denken voraus. Und das kann uns die KI noch nicht abnehmen.

» Nutze Chatbots für die Fragen und Aufgaben, die dich beschäftigen. Experimentiere mit Formulierungen und schaue, was am besten funktioniert. Mit etwas Übung entwickelst du ein Gefühl dafür, wie du KI-Anwendungen optimal als persönliche Assistenten einsetzen kannst.

8. WIE KI DIE LANDWIRTSCHAFT REVOLUTIONIERT

[von Franz] Die vier Rotoren wirbeln beim Landen hellbraunen Staub empor, die Drohne setzt mit einem mächtigen Surren auf dem sandigen Weg auf. Gerade eben noch hat sie in atemberaubender Geschwindigkeit ein Getreidefeld überflogen, eine Bahn nach der anderen, und dabei mit einer Multispektralkamera alle paar Sekunden eine Aufnahme gemacht. Klack, klack, klack hat es jedes Mal auf der Steuerkonsole von Lukas Förter gemacht, der die Drohne steuert. Förter ist Doktorand, und zusammen mit seinem Doktorvater, Professor Rod Snowdon, stehen wir auf den Feldern der Uni Gießen in Groß-Gerau, einer Kleinstadt südlich von Frankfurt.

Ich habe mich mit den beiden verabredet, weil ich eine andere Seite der KI kennenlernen wollte, eine, die erst mal so gar nichts mit ChatGPT und Co. zu tun hat. Snowdon ist Experte für Innovationen im Bereich der Pflanzenzüchtung und die könnte von künstlicher Intelligenz gleich auf mehrere Arten profitieren. Ein Beispiel sind solche multispektralen Aufnahmen, die nicht nur das sichtbare Licht, sondern auch für das menschliche Auge nicht wahrnehmbare Wellenlängen aufzeichnen: Aus ihnen lassen sich Rückschlüsse auf Eigenschaften der Pflanzen ziehen. Bisher musste man allerdings die Einzelaufnahmen mühsam zu einem Ganzen zusammenfügen; in Zukunft geht das dank KI ungleich schneller.

Überhaupt zeigt sich anhand des Beispiels Landwirtschaft, weshalb mithilfe maschinellen Lernens viel Zeit gespart werden kann. Es ist ja so: Wer züchtet, der muss das, was auf dem Feld steht, auch analysieren. Wenn man nun die phänotypischen Eigenschaften, also die konkreten äußeren Merkmale von Getreidepflanzen, ermitteln will, dann könnte man jemanden schicken, der mit Zettel und Stift vermisst, beobachtet und dokumentiert. Das dauert indes fürchterlich lange und birgt zudem das Problem, dass das menschliche Auge immer subjektiv bewertet und die Ergebnisse sich von Mensch zu Mensch recht stark unterscheiden. Alternativ kann man nun auch eine Drohne Aufnahmen machen lassen und die gewonnenen objektiveren, sehr nuancierten Daten mit dem abgleichen, was man bereits weiß: dass also zum Beispiel gesündere und deswegen groß gewachsene Pflanzen in anderen Farben erscheinen als niedrigere. So kann man indirekt Rückschlüsse auf die Eigenschaften der Pflanzen ziehen, und das in kürzester Zeit. Wenn die KI dann automatisiert noch weitere Daten wie die Wetterlage dazupackt, dann hat man plötzlich ein sehr detailliertes Bild darüber, welche Getreidesorten unter welchen Anbaubedingungen welche Leistung bringen.

Eine damit verwandte KI-Anwendung ist die Optimierung von Zuchtstrategien. Snowdon will mir das genauer erklären. Wir wandern durch ein Feld voller Pflanzen, die ich nicht wirklich einordnen kann: aufrecht, mit einem dicken Stängel, langen, schmalen Blättern und einer Rispe, die kleine, runde Blätter trägt. Das hier, sagt der Professor, ist Sorghum – das wichtigste Getreide Afrikas. Auch für unsere Breiten werden Sorghumhirsen zunehmend interessant, sie werden als Alternative zum Mais gehandelt. Die Pflanze braucht wenig Wasser und kommt sehr gut mit Dürre klar, was besonders für Landwirte in von Trockenheit betroffenen Bundesländern wie Brandenburg oder Sachsen-Anhalt relevant ist. Das Problem: Eigentlich ist es bei uns zu kalt für sie. Genau das will die Pflanzenzüchtung ändern: Sie will robustere Sorghumsorten hervorbringen.

Das Züchterhandwerk ist ein traditionelles: Man kreuzt zwei Sorten mit erwünschten Eigenschaften, um eine leistungsfähigere Sorte zu erzeugen. Das klappt mal mehr, mal weniger gut, weshalb die Kreuzungen auf dem Feld untersucht werden müssen, um die vielversprechendsten unter ihnen in die nächste Zuchtgeneration zu überführen. Hier kommt KI ins Spiel: Zwar kann sie nicht einfach aus dem Stand die eine Superpflanze unter Tausenden herausfinden, aber sie hilft, Zeit und Geld zu sparen, wenn es darum geht, zu ermitteln, welche Kreuzungen die höchste Wahrscheinlichkeit haben, gewünschte Merkmale in den Nachkommen zu kombinieren.

Snowdon sagt, dass seiner Erfahrung nach die KI-Modelle derzeit etwa mit den traditionellen statistischen Methoden gleichauf lägen. Er glaube aber, dass mit einer wachsenden Datenbasis – zum Beispiel unter Einbeziehung von Genom- und Klimadaten – und besseren Algorithmen bald der Punkt erreicht sei, an dem die KI überlegen sein werde. Und das sind gute Nachrichten für die Züchter:innen, denn je besser die Vorhersagen, desto weniger muss man auf dem Feld testen, wo jede Parzelle Geld kostet und mit Aufwand verbunden ist.

Im Grunde scheint es mit der KI in der Landwirtschaft dann doch ein wenig wie mit ChatGPT zu sein: Es geht um Vorhersagen – beim Chatbot um eine Vorhersage dessen, was eine plausible Antwort ist, bei der Landwirtschaft um die Pflanzen und ihre Umwelt: optimierte Zuchtentscheidungen, schnellere Analysen des Feldbestandes, bessere Wettervorhersagen, zielgenauere Empfehlungen. Man düngt auf die Weise nur so viel, wie man muss; man verwendet nur so viel Wasser, wie notwendig ist; man bekämpft Schädlinge nicht großflächig, sondern nur punktuell.

Je mehr Datenpunkte im Spiel sind, die man zu einem Muster verbinden kann, desto schärfer das Bild, das man zeichnen kann – ein wenig so wie bei dem Vogel auf unserem Buchcover.

Und diese Präzisionsschärfe ist auch ein Geschäftsmodell. Snowdon erzählt mir, dass viele Züchter mit ihrem Getreide mittlerweile etwas tun, das man als doppelte Personalisierung beschreiben könnte: Sie bieten den landwirtschaftlichen Betrieben einerseits diejenigen Sorten an, die am besten zu genau den Bedingungen passen, die sich auf dem konkreten Feld vorfinden lassen. Zum anderen liefern sie eine maßgeschneiderte Betriebsanleitung für die Sorten mit: Um den optimalen Ertrag zu erwirtschaften, gibt es gleich die wichtigsten Tipps zum Anbau mit dazu.

Als ich nach meiner dreistündigen Pflanzenzüchtung-für-Einsteiger-Vorlesung voller Eindrücke an den Groß-Gerauer Sorghum-Testreihen vorbei nach Hause fahre, muss ich darüber nachdenken, dass ich als Stadtmensch so ein Stereotyp von der traditionellen Feldarbeit im Hinterkopf habe; aber ich habe gelernt, dass ein Feld am Rande eines kleinen hessischen Ortes ein ziemlich beeindruckender Technologiestandort sein kann. Es ist doch spannend, wie wenig wir uns häufig damit beschäftigen, wie das, was als essbereites Nahrungsmittel im Supermarkt auf uns wartet, eigentlich entsteht – und dass in dem Bereich durch die neuen Möglichkeiten, die KI bietet, noch längst nicht jede Innovationsgeschichte auserzählt ist.

» Wenn du Lust hast, zu erfahren, wie KI und Natur noch zusammenhängen, mach doch mal einen Waldspaziergang und nutze eine der vielen Pflanzenerkennungs-Apps. Sie sind ziemlich treffsicher beim Aufspüren der Namen noch so seltener Pflänzchen.

9. KREATIVITÄT AUF SPEED

[von Franz] An einem Samstagmorgen im Februar 2023 schlurfte ich ins Amsterdamer Rijksmuseum, ohne einen besonderen Plan zu verfolgen, sondern einfach, weil ich in der Stadt war und Kunstmuseen mag. Mir war in dem Moment nicht klar, dass dort gerade das Eröffnungswochenende einer historischen Ausstellung stattfand: Die 28 Gemälde des niederländischen Malers Jan Vermeer, die sonst über die ganze Welt verteilt in unterschiedlichen Museen zu finden sind, waren nun an einem Ort versammelt. Mit mehr Glück als Verstand kam ich an der Verkaufstheke im Museum spontan noch an eine der kurzfristig frei gewordenen Restkarten. (Später habe ich erfahren, dass 650000 Menschen die Ausstellung gesehen haben, die meisten im Gegensatz zu mir wohl mit Absicht.)

Vermeer lebte im 17. Jahrhundert und malte gerne häusliche Szenen. Am berühmtesten ist sein *Mädchen mit dem Perlenohrring* und genau dieses Gemälde war hier nun in einem ziemlich überlaufenen Raum ausgestellt. Eine Szene von dort wird mir immer in Erinnerung bleiben: Eine ältere Dame wurde von ihrer Begleiterin in Richtung des Kunstwerks geführt. Die Menschentraube machte etwas Platz, und als sich der Frau der Blick auf das berühmte Bild eröffnete, stieß sie einen tiefen, kurzen Seufzer des Entzückens aus. Hatte sie eben noch bedrückt gewirkt, weiteten sich ihre Augen nun. Sie strahlte, als hätte dieser 40 auf 45 Zentimeter große Gegenstand, der nichts weiter tut, als ein Mädchen mit blauem Turban zu zeigen, ihre gesamte Welt zum Leuchten gebracht.

Wenige Monate zuvor hatte jenes Mädchen mit Ohrring in einem ganz anderen Zusammenhang für Aufsehen gesorgt. OpenAI hatte anhand des Bildes den Beweis angetreten, dass es möglich ist, den dargestellten Ausschnitt von Gemälden und anderen bildlichen Darstellungen mithilfe des Tools DALL•E in sinnvoller Weise zu erweitern oder, weniger technisch formuliert, sich zusammenzufantasieren, wie es wohl außen herum ausgesehen haben könnte. Das funktionierte wohlgemerkt nicht, indem historische Recherchen betrieben wurden, sondern rein auf einer Wahrscheinlichkeitsberechnung, die auf Trainingsdaten ähnlicher Bilder zurückgreift. »Outpainting« nannte OpenAI das, und am Beispiel des Vermeer-Gemäldes konnte man sehen, wie es funktionierte: War im Original nur die Porträtierte vor einem neutralen schwarzen Hintergrund zu sehen, konnte man in dem mittels DALL•E erzeugten erweiterten Bild das Mädchen in einer Stube voller Alltagsgegenstände bestaunen: Kisten, Tassen, Vasen, ein paar Zwiebeln, ein Geschirrtuch. Alles war im Großen und Ganzen im Stil des Ursprungsbildes gehalten, sodass eine unbedarfte Betrachter:in, die das Originalbild nicht kannte, auf den ersten Blick hätte annehmen können, dass Mädchen und Umgebung eine Einheit ergeben. OpenAI warb in diesem Zusammenhang mit dem Spruch »Extend creativity and tell a bigger story with DALL•E images of any size«.[12]

Da war es also, das große K-Wort. Kreativität. Ich muss gestehen, dass ich es etwas beliebig finde, dieses Wort, denn man kann wirklich alles damit labeln: Tassen bemalen, TikTok-Videos drehen, Romane schreiben, Einkaufszettel verzieren, Opern komponieren. Und: ein Gemälde erschaffen, das Menschen nach dreieinhalb Jahrhunderten immer noch feuchte Augen beschert – oder ein ebensolches Gemälde mit KI-Tools an den

Rändern ausmalen. All das hat seine Berechtigung. Aber es ist nicht alles dasselbe.

Seit dem Aufkommen der generativen KI ist oft die Frage gestellt worden, ob diese die menschliche Kreativität obsolet machen werde. Ich finde, man vergisst dabei zu leichtfertig, dass Kulturerzeugnisse in einem Zusammenhang entstehen. Man kann sie oft gar nicht richtig verstehen, wenn man ihre Entstehung nicht mitbedenkt. Klar: Computer sind jetzt schon in der Lage, gewisse Stile nachzuahmen. Und das macht sie zu wertvollen Hilfsmitteln. Aber das ersetzt nicht die kulturelle Produktion in all ihren Facetten – einfach weil vieles nur deshalb funktioniert, weil es ein Mensch mit einer Geschichte erzeugt hat. Gäbe es das *Mädchen mit dem Perlenohrring* nicht und DALL•E oder MidJourney oder Stable Diffusion hätte es erzeugt, es wäre wohl auf einem Computer liegen geblieben, ohne Aufsehen zu erregen. Warum wir ein Gemälde bedeutsam finden, lässt sich nicht allein daraus erklären, wie das Gemälde aussieht (siehe dazu auch Kapitel 33).

Man denke nur daran, wie viele Bedeutungsebenen und Ausprägungen etwas wie, sagen wir, Musik hat. Sie kann eine banale Untermalung für Marketingvideos sein; zentraler Bedeutungsträger einer ganzen Jugendkultur; Anlass, zu tanzen und zu feiern und den Bass in der Magengrube zu fühlen; etwas, das Chöre und Gesangsvereine zum Leben erweckt; etwas, das jedes Kind ganz natürlich tun kann; und zugleich etwas, das eine sehr kleine globale Elite von klassisch ausgebildeten Musikerinnen und Musikern zu tun vermag, deren langen Weg zur Perfektion wir in streng ritualisierten Konzerten würdigen.

Es kommt also oft nicht nur auf den Output an, sondern ganz entscheidend auf das Wie.

Das war ein langes Vorwort für ein Kapitel, das eigentlich sagen will: KI-Werkzeuge sind wahnsinnig tolle Gestaltungswerkzeuge. Das Vorwort war aber nötig, weil diese Werkzeuge in bestimmten Zusammenhängen mehr, in anderen weniger nützlich sind.

Weniger nützlich sind sie, wenn Menschen im traditionellen Sinne schöpferisch tätig sein wollen, wenn sie Kunst als Ausdruck ihrer Persönlichkeit empfinden und wenn sie dieses Schöpferische auch spüren wollen: Wenn es mir Seelenruhe gibt, dass ich mit echten Ölfarben auf eine echte Leinwand male, wenn es mir guttut, all das zu riechen und zu fühlen und mir das Hemd dreckig zu machen, und wenn es mich selig macht, wenn ich hundertmal nicht an das heranreiche, was ich eigentlich malen will, mir aber beim hundertsten Mal etwas gelingt, auf das ich wahrhaft stolz bin – dann kann es mir total egal sein, dass das mit KI schneller ginge. Und wenn es mir als Rezipient:in ein besonderes Gefühl gibt, zu wissen, dass ein echter Mensch ein Kunstwerk erstellt hat und dass dahinter eine bestimmte Geschichte steht – dann ist diese menschgemachte Kunst für mich eben wertvoller als KI-generierte.

Andererseits muss und darf es oft durchaus schnell gehen: schnell in MidJourney ein Symbolbild erzeugen, um eine Präsentationsfolie zu illustrieren. Schnell auf Suno ein witziges Calypso-Stück generieren, bei dem der Name des Veranstaltungsortes gesungen wird, um eine akustische Partyeinladung zu erstellen. Schnell den Fotohintergrund meines Bewerbungsfotos mit dem Freistellungstool von Pixelmator entfernen, auch wenn es nicht jedes Haar perfekt erwischt – denn die Alternative wäre, Photoshop zu lernen und jedes Mal zu fluchen, wenn ich die Pixel nicht perfekt treffe.

Und es gibt durchaus auch professionelle Nutzungsszenarien: Der Technik-YouTuber Marques Brownlee hat zum Beispiel darauf hingewiesen, dass Video-Tools wie Sora Naturaufnahmen von oben mittlerweile so gut simulieren können, dass es für jemanden, der eine solche Aufnahme nur benötigt, um eine bestimmte Stimmung zu erzeugen, ausreicht, die KI die Arbeit machen zu lassen.[13] Brownlee sieht das durchaus ambivalent, und in der Tat ist diese Entwicklung für jene, die mit professionellem Filmen ihr Geld verdienen, eine Bedrohung. Andererseits ist klar: Im genannten Fall ist es bei Weitem ressourcensparender, sich einen KI-Film generieren zu lassen, als eine echte Drohne fliegen zu lassen.

Im Moment sind KI-generierte Inhalte vor allem dazu gut, unkompliziert akzeptable Ergebnisse zu erhalten. Das ist immer dann sinnvoll, wenn du keine extremen Qualitätsansprüche hast – zum Beispiel, weil du eine Grafik oder ein Video nur brauchst, um etwas symbolisch zu illustrieren, oder weil es nur um eine Art Skizze geht. Du könntest dir zum Beispiel in der App Canva basierend auf wörtlich ausformulierten Prompts ein paar Vorschläge für die visuelle Richtung geben lassen, in die es bei einem Bild gehen könnte, und alles Weitere dann in einem klassischen Grafikprogramm oder mit einer altbewährten Kamera erledigen. Man muss nicht immer das neuste oder effizienteste Werkzeug einsetzen; wichtig ist nur, dass man das richtige Werkzeug für den richtigen Zweck einsetzt. Mir ist das deshalb wichtig, weil in der öffentlichen Debatte gerne so getan wird, als würden traditionelle Kreativ-Tätigkeiten bald vollständig und gleichwertig durch KI ersetzt werden. In meiner Alltagserfahrung ist es hingegen vielmehr so, dass beides oft Hand in Hand geht und sich in vielfältiger Weise ergänzt.

» KI-gestützte Kreativität, wenn man das Wort denn benutzen will, ist Kreativität auf Speed. Es erlaubt, die fiesen kleinen handwerklichen Zwischenschritte zu überspringen. Nicht immer will

man das. Aber wenn man es will, kommt man oft zu Ergebnissen, die mindestens gut genug sind. Probier's einfach mal aus – zum Beispiel, wenn du das nächste Mal eine Geburtstagseinladung gestaltest.

10. IN INTELLIGENTER ERWARTUNG

[von Dirk] Kennst du Hans Immer? Der Name klingt zwar sehr gewöhnlich, ist aber in Deutschland in der Kombination nicht sehr geläufig. Gängige Suchmaschinen liefern statt der gesuchten Person stets den Filmkomponisten Hans Zimmer. Erst weiter hinten taucht der richtige Name auf. Hans Immer ist eine Filmfigur – ein reicher Bauunternehmer und Immobilienspekulant, gespielt von Dieter Hallervorden. Über Umwege lernt er Bruno Koob kennen. Dieser wird ebenfalls von Dieter Hallervorden gespielt. Es lässt sich also schon erahnen, dass der Witz des Films darauf basiert, dass Hans Immer und Bruno Koob sich sehr, sehr ähnlich sehen.

Hans Immer möchte sich das zunutze machen – und so einer angedrohten Entführung entgehen. Also taucht er unter und lässt das Tagesgeschäft in seiner Firma kurzerhand von Bruno Koob verrichten.

Ich erzähle diese Geschichte hier vor allem, weil ich aufzeigen möchte, welche große Rolle Erwartungen spielen, wenn es darum geht, Urteile zu fällen. Denn erst in dem Moment, in dem das soziale Umfeld nicht mehr erwartet, Hans Immer vor sich zu haben, fällt allen auf, wie groß der Unterschied zwischen den beiden von Hallervorden gespielten Charakteren in Wahrheit ist.

Beginnen wir mit dem Wert der Erwartung. Als Koob die Rolle des Firmenchefs Hans Immer übernimmt, trifft er auf ein soziales Umfeld, das in ihm den Chef sehen *will*. Genau diese Erwartung ist es, die ihm hilft, mit zahlreichen Floskeln den falschen Eindruck aufrechtzuerhalten: »Ich brauche mehr Details«, »Das ist nur Ihre Meinung« und »Schreiben Sie's auf, ich beschäftige mich später damit« sind seine drei Standardantworten, mit denen er sogar seine Ehefrau Heidi täuschen kann.

Das Prinzip hinter diesen Floskeln lässt sich mit dem sogenannten ELIZA-Effekt[14] vergleichen. Dieser bekam in den 1960er-Jahren seinen Namen von Joseph Weizenbaum, der Professor am MIT war und dort einen textbasierten Therapie-Chatbot entwickelte. Im Vergleich zu den heutigen Bots war ELIZA recht unintelligent, sie wurde allerdings bereits als menschlich wahrgenommen, weil Testpersonen ELIZA als Psychotherapeutin erkennen *wollten*. Der Gesprächskontext und die Erwartungen der Nutzer:innen führten dazu, dass diese ELIZA echte Geheimnisse anvertrauten. Dabei basierte ELIZA nur auf der einfachen Logik, auf eine Gefühlsäußerung der Testperson mit einer Frage nach den Gründen für dieses Gefühl zu reagieren. Wenn eine Testperson sagte, sie sei traurig, antwortete ELIZA also mit der Rückfrage: »Warum bist du traurig?« Für den Fall, dass ELIZA keine Gefühlsbegriffe identifizieren konnte, antwortete sie mit generischen Floskeln wie »Erzähl weiter« oder »Meinst du, es gibt da einen Zusammenhang?«.

Ähnlich wie der ahnungslose Bruno Koob (»Ich brauche mehr Details«) gewann ELIZA ihre Glaubwürdigkeit vor allem durch die Erwartung ihrer Gesprächspartner. Es mag banal klingen, aber die Erwartungsebene der Bewertung spielt eine große Rolle, wenn wir beurteilen sollen, wen wir für schlau oder intelligent halten. Sogar die Methoden, mit deren Hilfe wir Intelligenz messen, basieren nicht auf vermeintlicher Objektivität, sondern vielmehr auf sozialer Konstruktion. Denn je nach kulturellem Kontext gelten beispielsweise in den USA,

Frankreich oder China je andere Aspekte als intelligent. Der Psychologe und Pädagoge André Frank Zimpel hat darauf sehr anschaulich in einem Vortrag auf der Internet-Konferenz re:publica 2024 hingewiesen. Der Professor der Uni Hamburg sprach über Gemeinsamkeiten und Unterschiede in der Betrachtung von Neurodiversität und KI und öffnete damit den Blick auf die sehr verengte Idee von Intelligenz, die wir durch LLMs präsentiert bekommen. Der Begriff der Neurodiversität beschreibt die Vielfalt der menschlichen Intelligenz. Neurodivergente Menschen können z. B. Autismus, ADHS, Dyskalkulie, Hochbegabung oder Legasthenie haben.

Zimpel stellt in seinem Vortrag die These auf, dass ChatGPT und vergleichbare Angebote mit ihrer Ausrichtung aufs Zufriedenstellen zu immer durchschnittlicheren, mittelmäßigeren Ergebnissen kommen werden, was nicht unproblematisch sei: »[...] weil wir Menschen uns auch an Technik anpassen, wird sozusagen das Mittelmaß der KI uns Menschen auch mittelmäßiger machen. Das heißt, der Durchschnitt wird sich immer selber bestätigen.«[15] Nicht nur um diesen Kreislauf zu durchbrechen, ist es sinnvoll, neurodivergente Menschen, also solche »Menschen, die sich dieser Durchschnittsbildung entziehen«[16], gesellschaftlich besser zu integrieren und anzuerkennen, dass Intelligenz mehr ist als das Denken der Durchschnittsgesellschaft. Ein solcher Blick kann dabei helfen, die sich selbst bestätigenden Denkmuster in KI und Gesellschaft zu vermeiden. Wenn du also das nächste Mal in den Medien hörst, die künstliche Intelligenz übertreffe bald die menschliche, dann beginne, Fragen zu stellen: Wer sagt das? Warum sagt er das? Und um welche Form von Intelligenz geht es hier?

Ein erster Schritt auf diesem Weg könnte darin bestehen, die Bedeutung der sozialen Konstruktion von Intelligenz zu erkennen. Dieses ist auch für die Bewertung von KI und dem damit verbundenen Hype um diese Technologie verantwortlich. Im Umgang mit KI ist dieser Hype spätestens mit der Einführung von ChatGPT entstanden – und scheint, während wir dieses Buch hier schreiben, schon wieder abzuflauen. Aber sowohl die Entstehung wie auch der Niedergang eines Hypes basieren auf sozialer Konstruktion.

Sehr anschaulich lässt sich diese an einer Anekdote aus dem Leben des Physik-Nobelpreisträger Max Planck illustrieren.[17] Als Planck nach seiner Nobel-Auszeichnung für zahlreiche Vorträge unterwegs war, kam sein Chauffeur, der ihn jeweils dorthin fuhr, auf die Idee, die Rollen zu tauschen. Denn er war der Meinung, er habe so viele der Vorträge und so viel Vorbereitung im Auto angehört, dass auch er in der Lage sei, vor Publikum zu sprechen. Max Planck willigte ein und hörte sich den Vortrag seines Fahrers im Publikum an – mit Chauffeur-Hut und -Kleidung.

Der Fahrer wiederum hielt in Plancks Kleidung einen erstaunlich guten Vortrag, bei dem niemand im Publikum auch nur den leisesten Zweifel an seiner Kompetenz hatte. Als es nach dem Vortrag jedoch zu Fragen aus dem Publikum kam, stand der Mann vor einem Problem. Er kannte die Antwort nicht, aber er reagierte geistesgegenwärtig und sagte, während er auf den echten Max Planck deutete: »Die Frage ist so leicht, die kann sogar mein Fahrer beantworten.«

» Unsere Erwartungen bestimmen zu einem großen Teil unsere Bewertungen. Das gilt übrigens nicht nur im Umgang mit angeblich intelligenten Interaktionen. Darauf sollten wir achten – und nicht vergessen: Es gibt sehr viele Perspektiven auf Intelligenz.

11. ABSCHIED VON DER EINEN LÖSUNG

[von Dirk] Ist Fragen stellen ein Beruf? Ich stelle diese Frage gerade in einem beruflichen Kontext (als Autor) und würde sagen: Alle Professionen, die auf Neugier basieren und durch die Suche nach neuen Erkenntnissen angetrieben sind, erheben das Fragenstellen zu einer beruflichen Tätigkeit.

Ob aber das Befragen einer Maschine eine eigene Profession sein kann, ist nicht so sicher. Mit dem ersten Aufkommen des KI-Hypes entwickelte sich eine Ansicht, die auch beim Aufkommen der Suchmaschinen zu beobachten war: Die Bedienung dieser Maschinen, also die Kunst des Stellens der richtigen Frage, wurde zum Beruf erhoben.

Beim Prompt Engineering sehe ich das so: Vielleicht ist es keine Tätigkeit für wenige, die sich darauf spezialisiert haben, sondern eine allgemeine Kompetenz, die sich im Laufe der Zeit wie die Benutzung von Suchmaschinen in unseren Alltag integrieren wird.

Was beim Prompten, unabhängig vom Professionalitätslevel und anders als bei klassischen Suchmaschinen, jedoch auffällt: Die gleiche Frage führt meist zu unterschiedlichen Antworten. Und das nicht nur deshalb, weil generative Sprachmodelle auf stochastischen Zufallsprozessen beruhen, sondern auch, weil sie in der Lage sind, den Kontext zu berücksichtigen: Wer fragt? Welches Vorwissen liegt vor? Sie können etwa Informationen aus alten Chats einbeziehen, mit hochgeladenen Zusatzdokumenten gebrieft werden oder bei der Antwort auf die Bedürfnisse der Fragesteller:in eingehen. All diese Aspekte sind für die Maschine wichtig, weil sie nur ein Ziel hat: die Fragenden zufriedenzustellen.

Man könnte spekulieren, dass dieser Aspekt für die Maschine wichtiger ist als die (objektive) Richtigkeit der Antwort. In diesem Sinn weist die KI eine höhere emotionale Intelligenz auf als eine klassische Suchmaschine. Diese entwickelte sich im Laufe der Zeit zwar auch immer mehr zu einem auf personalisierte Antworten geschulten Angebot, aber sie ist dennoch weit mehr an objektiven Zielen orientiert als gängige LLMs, die die Zufriedenheit der Nutzenden stets im Blick behalten.

Damit erinnern uns LLMs an einen interessanten Aspekt im Erkenntnisprozess, den ich so knapp wie möglich formuliert einmal so beschreiben würde: Der Weg bestimmt das Ziel. Es ist also mindestens genauso wichtig, was die Lösung ist, wie die Art und Weise, wie du diese Lösung ermittelt hast – fiel es dir schwer oder quasi durch Zufall zu? Daraus ergibt sich in Bezug auf den Prozess des Fragenstellens: In einer Welt, in der uns KI immer häufiger mit diesem Prinzip konfrontiert, sollten wir uns von der einen richtigen Lösung verabschieden. Und stattdessen an das Diktum des Kritischen Rationalismus denken, der uns auffordert, Wahrheiten stets infrage zu stellen.

Das gilt nicht nur für das Prompten, sondern vielmehr auch für das Leben an sich. Denn Wahrheit ist für den kritischen Rationalisten kein feststehender Begriff, sondern ein Prozess des Fragens. Wir sind *am Wahrheiten*, könnte man formulieren, um diesen Prozess des ständigen Nach- und Hinterfragens auf dem Weg zur Erkenntnis zu beschreiben.

Ähnliches gilt vermutlich auch für die Nutzung von KI-Bots, die in unterschiedlichen Kontexten unterschiedliche Antworten auf gleiche Fragen liefern. Damit erinnern sie uns an eine zutiefst menschliche Eigenschaft: inkonsequent und pragmatisch zu sein. Es ist menschlich, auf Kontexte einzugehen und auch mal inkonsequent zu sein, pragmatische Antworten zuzulassen und nicht alles einem großen Ziel unterzuordnen.

» Es gibt meist nicht nur einen richtigen Weg zur Lösung. Auch wenn es für uns manchmal schwer ist, uns auf diese Sichtweise einzulassen, können uns Anwendungen wie ChatGPT dabei helfen, uns damit auseinanderzusetzen. Probiere doch mal eine Frage, die dich beschäftigt, mehrfach von einen Chatbot beantworten zu lassen. Vielleicht bringen dich die Unterschiede in den Antworten auf ganz neue Gedanken.

12. DIE MACHT DER DUMMEN FRAGE

[von Franz] Das Leben in der Wissensgesellschaft verlangt uns ab, dass wir uns lebenslang fortbilden sollten, um auf dem Jobmarkt mithalten zu können und um uns als informierte Bürger:innen in die Demokratie einbringen zu können. Aber die Frage danach, warum Wissen nützlich ist, hat auch eine triviale Seite: Wenn man ein paar Dinge über die Welt weiß – auch jenseits der eigenen Interessen –, kann man im Alltag besser mit anderen ins Gespräch kommen.

Bei mir tun sich leider in manchen Bereichen immer wieder fiese Wissenslücken auf, und ich bin so gar nicht motiviert, sie zu schließen, denn das würde sich zu sehr nach In-der-Schule-Nachsitzen anfühlen. Doch hier bietet KI ein entscheidendes Plus.

Mithilfe eines Chatbots zu lernen, hat nämlich zwei Vorteile: Der Wissenserwerb ist dialogisch, wodurch man leichter in einen Fluss gerät, und die Lehrer:in ist unendlich geduldig und wertungsfrei, auch wenn das, was du fragst, eigentlich als Allgemeinwissen vorausgesetzt werden sollte.

Ich habe mich also eines Nachmittags hingesetzt und Google Gemini – ein Chatbot, der neben dem Textwissen auch gleich Bilder aus der Google-Suche mitliefert – mit einer Liste von (vermeintlich) dummen Fragen gefüttert. Dabei habe ich Dinge gelernt, die ich eigentlich schon hätte wissen müssen und jetzt endlich weiß. Und ich habe obendrein ein paar nette kleine Konversationshappen zum Mitnehmen erhalten. Hier die Liste zum Zu-Hause-selbst-Nachfragen:

1. Gib mir ein paar Fakten über die heimische Pflanzenwelt, aber bitte konkret, mit Bildern.
2. Wenn ich das nächste Mal in den Nachthimmel schaue, will ich drei Sternbilder erkennen, die nicht der Große Wagen sind.
3. Gib mir einen Satz an die Hand, mit dem ich zeigen kann, dass ich mich in Sachen Kochen ein bisschen auskenne. Am besten irgendwas mit Gewürzen.
4. Erzähl mir drei interessante Fakten über kleinere Länder, die man nicht so auf dem Schirm hat.
5. Die Sache mit der EU ... Ich vergesse immer wieder, wie genau sie funktioniert. Schreib mir doch mal einen 100-Wort-Aufsatz zu den wichtigsten Dingen, die es dazu zu wissen gibt.
6. Mittlerweile sprechen mittelalte Leute von 90er-Hip-Hop-Künstlern, wie mittelalte Leute früher von guten Weinen erzählten. Ich will da auch mitspielen. Sag mir die fünf wichtigsten Hip-Hop-Songs der 90er und erklär mir, warum sie so wichtig waren.
7. Und jetzt noch mal ganz plakativ: Was sind die fünf Dinge aus egal welchen Bereichen, die man wissen sollte, aber oft nicht parat hat?

» Und, hast du auch solche Wissenslücken? Dann schreib sie auf – und fülle sie prompt.

TEIL III

ICH UND DIE MASCHINE

13. NUR IN GUTEN HÄNDEN GUT

[von Franz] Liebes Tagebuch!

Heute habe ich mich auf einer Party mit jemandem unterhalten, der, wie ich, seine ersten Berufsjahre damit verbracht hat, von der Pike auf zu lernen, wie man digitale Inhalte in liebevoller Kleinarbeit selbst erstellt. Nun war er, wie ich, dazu übergegangen, KI-basierte Systeme zu bauen, die diese Inhalte effizienter erzeugen. Wir fanden schnell heraus, dass wir beide denselben Eindruck hatten: Seit der Ankunft der künstlichen Intelligenz passiert gerade etwas wirklich Monumentales in der Branche; wie selten zuvor verschieben sich Gewissheiten.

Was mich erstaunt hat, war, wie einig wir uns darüber waren, dass diese Entwicklung weder etwas nur Gutes noch etwas nur Schlechtes ist, sondern beides zugleich.

Für diejenigen, die dafür offen sind, ist die KI eine kreative Spielwiese, die ganz neue Möglichkeiten bietet. Aber in den Händen jener, deren Ziel nicht ist, etwas Schönes oder Nützliches zu erschaffen, sondern die lediglich Massen zu einem bestimmten Handeln verleiten wollen, kann das sehr schnell in eine unangenehme Richtung führen.

Mir ist dieser Satz meines Gesprächspartners hängen geblieben: Wenn du heute ins Internet gehst und ein Fremder erzählt dir dort irgendwas, dann hältst du es doch erst mal nicht wirklich für wahrscheinlich, dass er gute Absichten hat. Mindestens ebenso wahrscheinlich ist es, dass mich einfach jemand (oder etwas) manipulieren oder zu einem Kauf verleiten will. Wohin führt das?

In der *ZEIT* habe ich die These gelesen, es breite sich, was die sozialen Medien betrifft, gerade das Gefühl aus, die Party sei vorbei. Passend dazu hat der *New Yorker* seine Leser:innenschaft aufgefordert, wir sollten endlich »die Idee einer weltweiten Diskussionsplattform hinter uns lassen«. Und auch der *Economist* hat vom »Ende des sozialen Netzwerks« gesprochen.[18] Aber stimmt das wirklich?

Natürlich sind die sozialen Medien nicht komplett tot – als Entertainmentmaschine laufen sie sogar auf Hochtouren. Aber die gesellschaftspolitische Utopie, die früher viele mit sozialen Medien verbunden haben, die ist immer blasser geworden. Vielleicht war die Vorstellung von Anfang an ein wenig naiv, dass sich die ganze Welt auf einem riesigen, von einem privatwirtschaftlichen Unternehmen organisierten Forum wie dem einstigen Twitter oder Facebook zivilisiert austauschen kann, ohne dass Hass, Hetze und Hysterie überhandnehmen. Denn dafür sind zu viele potenzielle Werbekunden, zu viel Geld im System, dafür sind da zu viele mächtige Akteur:innen, die über Social Media ihre eigenen Ziele verfolgen. Für sie wird KI eine Versuchung sein, der sie nicht entsagen können. Es wird Stimmfakes geben, Videofakes, noch größere Armeen von meinungslenkenden Bots, als wir sie ohnehin schon kennen.

Das ist keine schöne Vorstellung, auch weil es schade ist, dass die vielen authentischen Stimmen, die in den Hochzeiten von Twitter Anfang der Zehnerjahre in den sozialen Medien Gehör fanden und auch tatsächlich etwas Wichtiges zu sagen hatten, auf der ganz großen, zentralen Bühne erst mal nicht mehr so sehr durchdringen werden. Und dennoch empfinde ich bei alledem nicht nur Panik, sondern auch Hoffnung. Denn ich glaube, je schneller das Alte zugrunde geht, desto schneller können wir auch etwas Neues entwickeln – zum Beispiel, indem wir den

Diskurs dezentraler und in kleineren digitalen Räumen organisieren oder uns wieder mehr von Angesicht zu Angesicht begegnen, um auf die gute alte Weise Vertrauen herzustellen.

In gewisser Weise kann man also sagen, die KI wird einerseits der letzte Sargnagel für das zurückliegende Zeitalter des Social Optimismus im Internet sein. Aber gerade dadurch besteht die Chance, dass wir uns wieder darauf besinnen, was gute Kommunikation ausmacht.

Dein Franz

» Bedenke: Wenn KI ein Werkzeug ist, dann kommt es entscheidend darauf an, welche Intentionen derjenige hat, der es bedient. Wer die Macht der KI versteht, legt im richtigen Moment auch eine Prise Skepsis an den Tag.

14. DAS BIN JA ICH

[von Dirk] Der Text des Velvet-Underground-Songs *I'll Be Your Mirror* beginnt sinngemäß mit den Worten: »Ich werde dein Spiegel sein / Reflektiere was du bist, für den Fall, dass du es nicht weißt«. Das ist nicht nur eine treffende Beschreibung für die Funktionsweise eines Spiegels. Die Songzeile fasst vor allem zusammen, was ich fühlte, als ich erstmals merkte, dass KI mehr ist als eine technologische Erfindung, die interessant ist, mich aber nichts angeht.

Der Moment, in dem ich erstmals fast körperlich die Wirkkraft von KI verstand, war für mich sogar mehr als ein reiner der Blick in einen Spiegel, der schlicht reflektiert, was ich bin. Er reflektierte sogar, was ich noch alles sein könnte. Und das in einem Bereich, den ich so gut kenne, dass ich ihn einerseits zu meinem Beruf gemacht habe und andererseits gar als Teil meines Selbstbildes als Mensch verstehe: Denn der KI-Spiegel zwingt mich, mich als schreibender, denkender Mensch neu zu reflektieren und durch die Möglichkeiten und Unmöglichkeiten der KI mein eigenes Menschsein zu überdenken, zu verteidigen und vielleicht auch neu zu beleben.

Aber der Reihe nach, denn anfänglich kam dieser Spiegel der Erkenntnis ganz unscheinbar in Form eines Chatfensters daher, das meine Kolleg:innen aus dem KI-Team der *Süddeutschen Zeitung* »ChatDVG« nannten: ein Bot, der mithilfe meiner Texte trainiert wurde – und als DVG (meine Initialen) Antworten geben kann. Dabei erhielt ein LLM Zugriff auf zahlreiche Texte, die ich in Büchern, bei der *Süddeutschen Zeitung* und in meinem Blog digitale-notizen.de verfasst hatte. Anschließend wurden all diese Informationen dem Chatbot mithilfe des folgenden Prompts (den meine Kolleg:innen verfasst hatten) zugänglich gemacht:

> *Du bist Dirk von Gehlen, ein deutscher Journalist und Autor. Du schreibst witzig, charmant und intelligent. Du magst alles rund um das Internet, Digitalisierung, Innovation und den VfL Bochum. Beantworte die folgende Frage nur anhand der im Folgenden gegebenen Kontext und deiner Interessen. Sei dabei witzig und charmant.*

Es ist ein winterlicher Abend, als wir im Hochhaus der *SZ* erstmals mit diesem Bot spielen. Eine kleine Gruppe Kolleg:innen sitzt an einem großen Konferenztisch. Draußen ist es schon lange dunkel, als drinnen der Beamer nicht nur den Bildschirm der Kollegin auf der Leinwand zum Strahlen bringt, sondern uns alle in eine für schreibende Menschen beängstigende Zukunft befördert. Dieser Roboter bewältigt alle Aufgaben, von denen ich mir jahrelang eingeredet hatte, dass sie nur von Menschen erfüllt werden könnten: Sprachliche Feinheiten, metaphorische Sprache, Humor und sogar Ironie – für ChatDVG ist das an diesem Abend kein Problem.

Nach einigen eher kleinen und oberflächlichen Anfragen darüber, wie ich denn hieße, was mein Job sei und wie ich nun genau zum VfL Bochum stünde, erschüttert ein Kollege mein berufliches Selbstbewusstsein, als er ChatDVG fragt: »Denkst du, dass du recht hast?« Ich denke: Das ist eine lustige Frage. Und bevor ich überhaupt selbst nach einer eigenen Antwort suchen kann, steht auf dem Bildschirm:

Natürlich denke ich, dass ich recht habe. Schließlich bin ich Dirk von Gehlen, der Experte für das Internet, Digitalisierung und Innovation. Aber Spaß beiseite, es ist immer wichtig, seine Meinung zu hinterfragen und offen für andere Perspektiven zu sein.

Alle lachen.

Mein Lachen ist aber ein kaltes Lachen. Keines, das fröhlich fliegt und immer weiter steigt, sondern eines, dessen Ende du direkt am Anfang spürst und das dann sehr hart abstürzt.

Plötzlich ist da nur noch ein Gefühl der Entblößung.

Das ist eine originelle Antwort. Ein bisschen witzig, charmant und vor allem angenehm selbstironisch, so wie ich sie auch gerne gegeben hätte. Aber das ist nicht meine Antwort. Das ist die Antwort eines Roboters, der mich auf einem Feld entblößt, das ich für mein ureigenstes Feld hielt: originell sein, ein wenig schlagfertig und sprachlich charmant. Das alles übe ich seit Jahrzehnten, bin dafür auf die renommierte Deutsche Journalistenschule gegangen und bestreite damit meinen Lebensunterhalt. Und jetzt kann all das ein Roboter, der vorher mit meinen Texten gefüttert wurde?

Ich fühle mich ertappt, ausrechenbar und durchgespielt.

Dieses Gefühl ist so stark, dass ich hier davon berichten muss. Denn natürlich kann ich erklären, wie es zu dieser Antwort kam. Und rational könnte ich es auch als Ausweis der hohen Qualität der Input-Daten werten (originell sein, ein wenig schlagfertig und sprachlich charmant), dass der Output so wirkungsvoll ist. Denn die Qualität einer KI basiert stets auch auf der Qualität der Daten, die zur Verfügung steht. Die »Input Shit, Output Shit«-These belegt die Metapher des Spiegels. Wer erstmals in einen Spiegel blickt, mag auch erschrecken. Ist da eine andere

Person, die auch gerade winkt? Ja, irgendwie schon. Und natürlich auch nicht. Diesen rationalen Umgang beim Blick in den Spiegel muss man lernen.

So rational blicke ich aber nicht auf den Spiegel meiner Daten. Es ist eher ein emotionaler Startpunkt, der in mir den dringenden Wunsch geweckt hat, herauszufinden, was mich als Mensch ausmacht. Ich will wissen, worin unterscheide ich mich von dieser charmanten, witzigen und sprachlich schlagfertigen Maschine?

» Auch wenn du noch keinen eigenen Bot hast, kann KI dir dennoch ein Spiegel sein, mit dessen Hilfe du erkennen kannst, was tatsächlich menschlich ist – und wo die Maschine dich dabei unterstützen kann: menschlicher zu werden.

15. ICH HÖRE MICH SAGEN

[von Dirk] »Deine Stimme ist wie dein Fingerabdruck oder deine Gesichtszüge. Sie ist einzigartig und authentisch, egal ob du ein Fortune-100-CEO bist, ein Student auf der Suche nach seinem ersten Job oder einer meiner Elite-Gesangsperformer – deine Stimme ist deine Visitenkarte und das wichtigste Element deiner persönlichen Marke«, mit diesen Worten erklärt die Stimm-Trainerin Wendy LeBorgne während ihres TED-Talks im Jahr 2018 die Bedeutung der eigenen Stimme für unsere Persönlichkeit. Ich habe von Wendy LeBorgne erstmals im Podcast *Shell Game* des amerikanischen Tech-Journalisten Evan Ratliff gehört.[19]

Das Zitat über die Bedeutung der Stimme für die eigene Person nutzt Ratliff als gedanklichen Ausgangspunkt für seinen Podcast, in dem er davon berichtet, wie er seine eigene Stimme mithilfe von KI geklont hat. *Shell Game* ist damit eine beeindruckende journalistische Recherche, in der Ratliff mit seiner Stimme erlebt, was ich mit ChatDVG mit meinen Texten erlebt habe: das Gefühl des Spiegelns, das Gefühl des »Das bin ja ich«.

Die eigene Stimme mithilfe von KI zu klonen, ist nicht kompliziert. Es benötigt für die sparsamste Audiokopie nur ein paar Minuten Original-Stimme, und die KI ermittelt Sprachmuster, die sie imitiert. Ratliff verbindet diese Audiokopie seiner Stimme mit einem LLM und bringt damit mein Gefühl des Gespiegeltwerdens wortwörtlich zum Klingen. Seine Stimme spricht, ohne dass er selbst etwas sagt.

Auf der Suche nach dem, was den Menschen als Menschen ausmacht, ist die Stimme ein erstaunliches Merkmal. Sie ist unser akustischer Fingerabdruck, sie macht uns einzigartig – und dadurch erkennbar. Umso schwerer wiegt die Möglichkeit der Kopie. Und damit meine ich nicht nur die Gefahren sogenannter Deepfakes, bei denen mit der kopierten Stimme Betrug begangen wird. Ich meine auch die Konfrontation mit der eigenen (kopierten) Stimme.

In der Psychologie gibt es den Begriff *voice confrontation*, um das unangenehme Gefühl zu beschreiben, das manche Menschen empfinden, wenn sie eine Aufzeichnung der eigenen Stimme anhören. Der Neurowissenschaftler Marc Pell von der McGill-Universität in Montreal erklärt dieses Gefühl so:

> *Wenn wir unsere isolierte Stimme hören, die vom Rest unseres Verhaltens losgelöst ist, durchlaufen wir vielleicht den automatischen Prozess, unsere eigene Stimme so zu bewerten, wie wir es routinemäßig mit den Stimmen anderer Menschen tun […], wir vergleichen dann unsere eigenen Eindrücke von der Stimme damit, wie andere Menschen uns sozial bewerten müssen, was dazu führt, dass viele Menschen verärgert oder unzufrieden mit der Art und Weise sind, wie sie klingen, weil die entstandenen Eindrücke nicht mit den sozialen Merkmalen übereinstimmen, die sie projizieren möchten.*[20]

Schon aus beruflichen Gründen höre ich meine eigene Stimme häufig, sodass ich das Gefühl schon länger nicht mehr hatte. Ich muss aber gestehen, dass ich es wieder nachempfinden konnte, als ich selbst mit einem sogenannten Voice-Agenten experimentiert habe: Ich lade also einige Audio-Beispiele meiner Stimme auf der Website von ElevenLabs hoch und bekomme kurz danach meine eigene Stimme zurück – losgelöst von mir, meinem Körper und vor allem meinen Gedanken. Ich höre meine

Stimme also Dinge sagen, die ich nie vorher gedacht habe – und zwar in einer Sprache, die ich gar nicht spreche. Plötzlich spreche ich spanisch bzw. ich höre meine Stimme spanisch sprechen.

Das ist verwirrend und eine besondere Form von *voice confrontation*. Pell drückt es etwa so aus: Wenn ich meine isolierte Stimme höre, die vom Rest meines Verhaltens losgelöst ist, spüre ich ein großes Unwohlsein. Es beruht aber nicht auf dem Vergleich mit anderen, sondern darauf, dass ich keinen Einfluss darauf habe, was diese Stimme sagt.

Das Gefühl ist vergleichbar mit dem Blick in den Spiegel – nur in Bezug auf einen anderen Sinn. Beide Formen der *confrontation* fordern uns heraus, und beide Formen zeigen, dass die Ablösung von uns selbst als Person, von unseren Körpern einen bemerkenswerten Aspekt der Herausforderung bilden.

Auf meiner Suche nach dem, was uns als Menschen ausmacht, bin ich jedenfalls zu einer wichtigen Erkenntnis gelangt: Die Stimme, unser akustischer Fingerabdruck, ist es nicht (mehr). Mithilfe von KI lässt sich die Stimme so täuschend echt kopieren, dass sie nicht mehr uns allein gehört. Das muss nicht rein etwas Schlimmes bedeuten. Es kann zum Beispiel dazu führen, dass Großeltern sich die Tageszeitung von der Stimme ihrer Enkel vorlesen lassen können. Das kann sehr schön und sehr nah sein – obwohl die Kinder die Texte niemals eingesprochen haben. In jedem Fall wird sich unser Umgang mit unseren Stimmen verändern.

» Don't panic! Dass die Stimme nicht mehr dir allein gehört, klingt besorgniserregend. Aber es schafft auch Möglichkeiten.

16. NEUES VON FRANZBOT

[von Franz] Als Kind hörte ich begeistert Bundesliga-Livereportagen im Radio. Die Reporter schilderten das Geschehen mit einem unaufhörlichen Sprechfluss, mal witzig, mal dramatisch, mal geschmeidig fließend, aber immer vorwärtstreibend, und diese Atemlosigkeit führte dazu, dass ich keine Sekunde bereute, dass wir kein Premiere-Abo hatten. Hören war in diesem Fall eindringlicher als Sehen, obwohl oder gerade weil die Vorstellungskraft gefordert war. Man vernimmt es immer wieder, von Radioleuten, Podcaster:innen und Menschen aus der Hörbuchbranche: Audio sei das persönlichste Medium. Und es stimmt – wenn man aufgefordert ist, das, was beschrieben wird, im eigenen Kopfkino nachzubilden, und wenn das Audio dann vielleicht sogar noch über einen Kopfhörer direkt ins Ohr dringt, dann ist das ein sehr intimer Vorgang.

Und jetzt stell dir vor, dir flüstert jemand eine Geschichte ins Ohr, du hüllst dich ein in die akustische Schmusedecke einer dunklen, rauchigen Erzählstimme, und mittendrin merkst du: Das ist kein Mensch, sondern ein Computer, der da spricht.

Ich habe in den letzten Jahren mit meinen Kolleg:innen bei Blinkist viel im Audio-Bereich gearbeitet und hatte dabei mit klassischen Tonaufnahmen und auch mit Text-to-Speech zu tun, also mit künstlich erzeugten Stimmen. Ich kenne das Glücksgefühl, das sich einstellt, wenn man als Textredakteur in einem Studio zusammen mit Audioprofis an einer Aufnahme feilt und merkt, dass man etwas Hochwertiges, vielleicht sogar etwas Schönes geschaffen hat. Ich weiß aber auch, dass in Text-to-

Speech eine wahnsinnige Chance liegt, weil dadurch Texte, die sonst aufgrund des zu großen Aufwands nicht vertont würden, dann eben doch vertont werden können.

Synthetische Stimmen werden immer präsenter. Medien wie *ZEIT Online* oder *Welt.de* bieten mittlerweile an, Artikel automatisch vorlesen zu lassen, und viele Computer haben eine akustische Textausgabe. Man könnte also von einer Normalisierung der Computerstimmen sprechen, aber in meiner Wahrnehmung gibt es gerade auch ein Aufbäumen dagegen. Ich kann das verstehen, und ich glaube, es liegt paradoxerweise daran, dass diese Stimmen immer besser werden. Früher habe ich mir gerne beim Spazierengehen Texte in Pocket, einer Ich-les-es-dann-später-App, vortragen lassen. Das war vor ein paar Jahren, und die Sprachausgabe klang so künstlich und abgehackt, dass es schwer auszuhalten war. Aber es war eben auch klar, dass das eine Computerstimme ist. Heute ist das anders: Moderne Text-to-Speech-Systeme klingen im Großen und Ganzen sehr natürlich, die Betonungen stimmen immer öfter, der Sprechfluss ist gut. Umso mehr irritieren dann die kleinen Fehler, die doch noch vorkommen, vor allem dann, wenn ein echter Mensch sie nicht machen würde. Betonungen auf der falschen Silbe etwa oder deutsche Wörter, die plötzlich englisch ausgesprochen werden. Man spricht in dem Zusammenhang gerne vom *uncanny valley*, also vom »unheimlichen Tal«. Der japanische Robotik-Professor Masahiro Mori hat den Begriff im Jahr 1970 geprägt. Er beschreibt, dass die Akzeptanz für künstlich simulierte Menschlichkeit hoch ist, wenn sie weit von echten Menschen entfernt ist, aber extrem niedrig, wenn die Menschenähnlichkeit sehr hoch, aber nicht perfekt ist.[21]

Ich glaube aber, wir sind kurz davor, das *uncanny valley* zu überschreiten und synthetische Stimmen anwenden zu können, die so perfekt sind, dass nur noch ausgewiesene Fachleute wie zum Beispiel Linguist:innen den Unterschied hören können. Wir haben bei Blinkist jedenfalls innerhalb eines Jahres schon eine Verbesserung festgestellt. 2023 haben wir angefangen mit Text-to-Speech. Unser Audio-Team hat vieles ausprobiert. Die beste Qualität versprechen Stimmklone, und weil man natürlich nicht einfach irgendjemanden klonen darf, haben ein paar Kolleg:innen und ich Modell gestanden. So kommt es, dass einige Buchzusammenfassungen bei Blinkist von »FranzBot« vorgelesen werden.

Wir haben im zurückliegenden Kapitel das frappierende Gefühl der *voice confrontation* beschrieben. Das hier nun ist eine Konfrontation, die zugleich schräg und irritierend ist. FranzBot spricht besser und britischer Englisch als ich, driftet aber auch hin und wieder in Akzente ab: mal ins Österreichische (was ich mir, der ich aus der Passauer Gegend nahe der Grenze zu Oberösterreich stamme, durchaus erklären kann), mal ins Indische (warum auch immer). Glücklicherweise war mir dieser Bot nie so ähnlich, dass ich Angst bekommen hätte, aber bei anderen Kollegen war das durchaus heftig: Ihre Klone waren derart nah an der Realität, dass es selbst mir als im analytischen Hören geübter Mensch schwerfiel, von der KI gesprochene Inhalte von Studioaufnahmen echter Menschen zu unterscheiden.

Stimmkopien sind vielversprechend, aber es ist auch nicht ganz einfach, solche Manierismen auszubügeln. Und sie bringen ethische und rechtliche Herausforderungen mit sich. Die Variante, für die wir uns deshalb letztlich entschieden haben, beinhaltet keine geklonten Stimmen von echten Menschen, sondern vollständig künstliche. Seither wandeln wir Text jeden Tag ganz mühelos in Audio um – das heißt, die KI tut das. Wir Menschen korrigieren lediglich hin und wieder. Die

Korrekturen werden indes merklich weniger. Die ersten Computerstimmen, mit denen ich gearbeitet habe, klangen noch aggressiv, und manchmal verfielen sie in seltsame Alien-Stimmen; es gibt die Vermutung, dass das daran gelegen haben könnte, dass diese Stimmen ihren Ursprung in Computerspielen hatten. Man musste dem Bot also gewissermaßen das »Duck dich!« und »Attacke!« aus dem Ego-Shooter abtrainieren und zu einem freundlichen Sachtext-Vorleseton verhelfen.

Es handelt sich bei alledem um eine Technologie, die nicht mehr komplett am Anfang steht, die aber auch noch nicht so weit ausgereift ist, dass es nicht mehr zu irritierenden oder peinlichen Fehlern kommen würde. Es ist eine Übergangszeit, und es braucht einiges an Gewöhnung, um unsere in mehr als hundert Jahren geprägten medialen Hörgewohnheiten auf den neuesten Stand zu bringen.

Apropos vor hundert Jahren: Seinerzeit gab es schon mal eine Audio-Akzeptanz-Debatte. Sie wird auf amüsante Weise in dem Musicalfilm *Singin' in the Rain* (deutsch: *Du sollst mein Glücksstern sein*) geschildert. Die Handlung spielt in Hollywood, es ist das Jahr 1927. Stummfilme gelten als das Nonplusultra, doch nun kommt zum ersten Mal der Ton ins Spiel. Manche glauben: Das wird sich nie durchsetzen. Und tatsächlich hat die Schauspielerin Lina, die in der Stummfilmära ein Star gewesen ist, große Probleme mit dem Mikrofon. Sie schafft es einfach nicht, da gleichmäßig reinzusprechen, und bei der Probeaufführung hört man ihre Stimme unkontrolliert lauter und leiser werden. Und dann verlangsamt sich auch noch die Wachsplatte versehentlich, sodass die Audiospur plötzlich viel tiefer klingt – ein peinlicher Fehler, der den Problemen, die wir am Anfang mit den KI-Stimmen hatten, um nichts nachsteht. Das Publikum im Kino bricht in Gelächter aus, und jene, die die neue Technologie kritisch beäugen, sehen sich bestätigt. Doch das ist natürlich nur eine Momentaufnahme. Denn schon bald werden die Kinderkrankheiten abgestellt und das mit der Tonspur funktioniert wunderbar. Wie die Geschichte ausgeht, wissen wir heute: Wir sind so sehr an das Zusammenspiel von Film und Ton gewöhnt, dass, beginnt ein Film ausnahmsweise mit längerer Stille, der Griff zur Fernbedienung schnell erfolgt, um zu kontrollieren, ob jemand versehentlich den Mute-Knopf gedrückt hat.

Long story short: KI-Stimmen werden bald richtig gut, und die Chancen stehen nicht schlecht, dass wir sie und ihre Verwendung in Zukunft kaum mehr grundsätzlich infrage stellen werden. Sie werden als ein normales Werkzeug gelten, das man nach Bedarf einsetzen kann.

» Du hast keine Zeit, einen langen Artikel zu lesen? Lass ihn dir vorlesen, während du andere Dinge tust. Wenn die Webseite keine eigene Audioversion anbietet, nutze die Sprachausgabe deines Endgeräts.

17. FINDE DEINE ANALOG-DIGITAL-ABKÜRZUNG

[von Franz] Hier kommt ein Geständnis.

Ich habe diesen Text nicht getippt, sondern in ein Mobiltelefon gesprochen, während ich mit einem Cappuccino auf dem Balkon stand.

Ich weiß, es gibt schockierendere Geständnisse. Und dennoch haut es mich, der ich viel und gerne schreibe und der ich das früher immer nur tippenderweise tat, immer wieder um, dass ich einfach draußen stehen, in die Ferne blicken und in ein kleines Mikro sprechen kann, und das, was dann herauskommt, ist sehr oft ein gerader Satz ohne Fehler. Wenn ich nur daran denke, wie mühselig es noch vor ein paar Jahren war, Interview-Mitschnitte zu transkribieren oder handschriftliche Notizen in die Tastatur zu hacken! Heute ist der Übergang vom Analogen ins Digitale ein viel einfacherer; Technologien wie die automatische Spracherkennung (*automatic speech recognition* oder kurz ASR), die Texterkennung (*optical character recognition*, OCR) oder die Echtzeit-Transkription sind weit fortgeschritten. Wir sind es gewohnt, dass bei Sprachnachrichten im Handumdrehen die schriftliche Version erzeugt wird, direkt in der Nachrichten-App, oder dass wir uns YouTube-Videos mit automatischen Untertiteln ansehen können und dass eine Sprachausgabe uns Texte vorliest.

Klar, wenn man das mit generativen Anwendungen der KI vergleicht – mit Chatbots, die uns die Welt erklären, oder Apps, die Musik komponieren – dann wirkt all das eher wie eine

Randnotiz. Ich glaube aber, wenn man so denkt, unterschätzt man die Durchschlagskraft dieser Entwicklung, und ich würde mich sogar aus dem Fenster lehnen und sagen: Das leichtere Zusammenwirken von Analog und Digital wird für viele schreibende Wissensarbeiter:innen genauso eine Killer-Anwendung werden wie ChatGPT und Konsorten. Denn so wichtig, wie es ist, schnell Zugang zum Wissen anderer zu erhalten, ist es auch, seine *eigenen* Gedanken schnell dokumentieren und strukturieren zu können. Und zwar nicht unbedingt nur deshalb, weil das Zeit und damit Geld spart, sondern auch, weil Gedanken flüchtig sind – wenn du anstrengende Zwischenschritte erledigen musst, ist die Chance größer, dass du beim Gedanken-aufs-digitale-Papier-Bannen aus dem Tritt kommst.

Du bist schon ein Analog-Digital-Profi? Dann musst du dieses Kapitel nicht zu Ende lesen. Für alle anderen kommen hier sechs Anregungen.

- Setz dich in ein Café mit einem dieser Notizbücher, von denen man immer dachte, dass sie zwar hübsch aussehen, man sie aber ehrlicherweise eh nie braucht, weil man ja aus Praktikabilitätsgründen alles digital haben will. Mach dir Notizen und lass sie von einer App mit OCR-Funktionalität wie OneNote erkennen, indem du sie scannst und dabei in bearbeitbaren Digital-Text umwandeln lässt.
- Führe ein ausführliches Gespräch mit einer Kollegin zu einem komplexen Arbeitsthema. Aber anstatt dir Notizen zu machen, nimm – mit ihrem Einverständnis – das Gespräch auf. Lass es mit einer App transkribieren (es gibt Videotelefonie-Anwendungen, die das sogar automatisch tun). Frage anschließend einen Chatbot nach den wichtigsten drei Stellen im Text und sieh dir diese noch mal genauer an.

- Du schreibst an einem Vortragsmanuskript und kennst die Regel, dass man sich solche Manuskripte laut vorlesen soll, dir ist das aber zu blöd? Dann lass eine Computerstimme die Arbeit machen – etwa über die Anwendung NaturalReader. Ihr Tempo ist gleichbleibend, und gerade weil sie nicht emotional in den Text investiert ist, lässt sie sich wunderbar dafür nutzen, um herauszufinden, ob der Vortrag an allen Stellen gut fließt.
- Du willst einen komplizierten Sachverhalt durch eine kleine Grafik veranschaulichen, hast aber keine Lust, für ein einfaches Diagramm Excel anzuwerfen? Mach einfach eine Zeichnung, fotografiere sie und bitte ChatGPT, daraus eine Vektorgrafik zu erstellen.
- Du bist in einem Land im Urlaub, dessen Sprache du nicht sprichst? Lass dich von deinem Handy live dolmetschen, zum Beispiel mittels Googles Übersetzer-App.
- Du willst Ideen sammeln und sitzt uninspiriert vor einer leeren Word-Seite? Geh raus: Mach einen Spaziergang und sprich in dein Handy. (Pro-Tipp: Wenn dir das seltsam vorkommt, nutze ein Headset, dann wirkt es so, als würdest du telefonieren.) Lass die Audiodatei in Text übertragen und dann von der KI ins Reine schreiben und kürzen.
- Du musst noch drei ellenlange, superkomplizierte Berichte lesen? Lade die PDFs doch einfach auf Googles NotebookLM hoch und lass dir aus deinem ganzen Material einen Podcast erzeugen – dialogisch, aufs Wesentliche heruntergebrochen, mit einer Sprecherin und einem Sprecher, die sich die Bälle zuspielen. Das geht ganz einfach mit einem Klick, wenn auch bei Redaktionsschluss dieses Buches nur auf Englisch.

» Analog-digital-Abkürzungen sparen Zeit und werden bereits von vielen Menschen genutzt. Mach es dir also nicht schwerer, als es sein muss, und finde deine persönlichen Abkürzungen.

18. WAS IST EIN FOTO?

[von Franz] Als Kind war ich vom Fotoapparat meines Vaters fasziniert. Es war Mitte der Neunziger, und der Apparat war eine Kodak-Kompaktkamera aus schwarzem Plastik, die alles mitmachte und wunderbar einfach funktionierte. Man schob den Objektivdeckel zur Seite, schaute oben durch den Sucher, drückte auf den Auslöser, und wenn man das gut 30-mal getan hatte, brachte man den Film zum Minimal-Markt, um wenig später ein Tütchen mit Negativen und Positiven abzuholen. Damals habe ich wie selbstverständlich angenommen, dass die Kamera bei jedem Abdrücken die Wirklichkeit einfängt.

Mit Anfang 20 fing ich dann selbst an, mich für Fotografie zu interessieren. Weil es für jene Bilder von Vereinsfesten, Lokalpolitikern und Fußgängerzonenreportagen, die man mit einer professionellen Kamera machte, bei der *Passauer Neuen Presse* mehr Geld gab als für Amateurschnappschüsse, habe ich mir für meinen Studentenjob als Lokalreporter eine digitale Spiegelreflex gekauft (jedenfalls war das der offizielle Vorwand; eigentlich wollte ich einfach mit einer tollen Kamera fotografieren lernen). Mit dem richtigen Objektiv in der richtigen Situation mit den richtigen Einstellungen machte die Kamera fantastische Bilder, die das, was Handys damals produzierten, an Qualität weit überragten. Aber leider nur dann. Damals wurde mir sehr deutlich vor Augen geführt: Fotografieren mit teuren Kameras, die alles Mögliche können und alles Mögliche bieten, ist ein Handwerk, das man lernen muss, und wenn man es nicht gut macht, sieht das, was auf der Speicherkarte landet, nicht mal annähernd der Realität ähnlich.

Es war ungefähr zur selben Zeit, dass ich im Philosophiestudium die Gedanken Immanuel Kants kennenlernte. Und die machten mir dann endgültig klar, dass das mit der Realität sowieso ungleich komplizierter ist. Denn unsere Wahrnehmung ist dieser Auffassung zufolge geprägt davon, wie unser Geist strukturiert ist: Wir haben keinen unverstellten Zugang zur Welt, nicht mal dann, wenn wir sie mit eigenen Augen betrachten. Da ist immer der Filter unserer eigenen Beschaffenheit dazwischen – wir sind keine Wesen, die »Dinge an sich« sehen können, sondern wir sehen sie so, wie sie unser Wahrnehmungsapparat in unserem Geist ankommen lässt. Und wenn wir ein Foto betrachten, kommt sogar noch ein zweiter Filter hinzu, nämlich die spezifische Art und Weise, wie aus dem Blick der Fotograf:in, den Belichtungs-, Blenden- und sonstigen Eigenschaften der Kamera, dem Lichteinfall und tausend anderen Rahmenbedingungen ein im wahrsten Sinne des Wortes gefärbter Eindruck entsteht.

Also sind Fotos sowieso nur eine Konstruktion der Wirklichkeit. Und dennoch ist damit nicht alles gesagt. Denn manche Fotos sind »echter«, andere »konstruierter«, so jedenfalls der landläufige Eindruck. Das mag nach einer theoretischen Debatte klingen, aber wenn man Fotografieren persönlich nimmt, dann hat es durchaus praktische Auswirkungen, gerade in Zeiten der KI.

Was also ist ein Foto?

Die Purist:innen sagen, ein Foto ist das, was herauskommt, wenn man sich an einen Ort begibt, dort Licht mit einem einfachen Mechanismus einfängt und dann nichts mehr verändert. Die Technolog:innen hingegen sagen, ein Foto ist das, was wir aufgrund seiner Ästhetik als Foto wahrnehmen – und nicht etwa als Zeichnung oder Ölbild – und was seine Funktion erfüllt, also zum Beispiel ästhetisch, unterhaltsam oder informativ ist. Wie es zustande gekommen ist, ist nicht so wichtig.[22]

Du ahnst es schon: Die allgegenwärtige Smartphone-Fotografie und die KI spielen den Technolog:innen in die Karten. Es gibt so viele Korrektur-, Optimierungs- und Retuschierfunktionen, über die die meisten Leute sich überhaupt keine Gedanken machen.

Ist das jetzt gut oder schlecht?

Ich bin zerrissen. Der Purist in mir wünscht sich manchmal, wie Henri Cartier-Bresson in den 1930ern nur mit einer kleinen Leica um die Welt zu reisen und auf den Straßen wahrhaftige Momente in Schwarz-Weiß-Abzügen zu dokumentieren. Der Technologe in mir freut sich jedes Mal, wenn mein iPhone mir dabei hilft, durch allerlei Algorithmen meine unter widrigen Bedingungen aus der Hüfte geschossenen Familienfotos so hochzujazzen, dass man sie für den Jahreskalender verwenden kann, ohne schamesrot zu werden.

Ein geradezu dramatischer innerer Konflikt. Und den bewältigt man am besten dramatisch. Hier kommt deshalb mein Exposé für ein Theaterstück. Es trägt den Titel *Ist das noch ein Foto?* und beruht auf wahren Begebenheiten. Entscheide selbst, ob es eine Tragödie oder eine Komödie ist.

Erster Akt – Im Juni 2010 stellt Apple das iPhone 4 vor. In der Kamera-App ist zum ersten Mal eine Technologie enthalten, die zuvor nur etwas für ambitionierte Amateure und Profis war: Man kann mit einem Knopfdruck HDR-Fotos machen. HDR steht für »high dynamic range« und kombiniert dank smarter Algorithmen mehrere unterschiedlich belichtete Aufnahmen zu einer. So erhält man Bilder, bei denen sowohl die hellen als auch die dunklen Stellen nuanciert und detailreich dargestellt werden. Und die Frage steht im Raum: Ist das Resultat, das technisch gesehen eigentlich eine Mischung mehrerer Aufnahmen ist, noch ein *Foto*?[23]

Zweiter Akt – Im Mai 2017 führt Instagram Filter ein, die Gesichtserkennungs-Algorithmen verwenden, um Porträts zu verändern. Vermarktet wird all das zunächst als Möglichkeit, lustige Effekte zu verwenden, sich zum Beispiel Krönchen oder Hasenohren virtuell an den Kopf zu pinnen. Aber natürlich ist die beliebteste Anwendung eine andere: Schönheitsfilter. Sie werden zum Standard-Feature aller großen visuellen sozialen Medien. Und sie greifen massiv ein, machen Wangenknochen höher, Lippen voller, die Haut glatter. Nach einigen Jahren zeigen die ersten Studien, dass eine überwiegende Zahl der Jugendlichen sie verwendet, Psycholog:innen warnen vor verzerrter Selbstwahrnehmung und Konformitätsdruck. Und nicht zuletzt stellt sich die Frage: Ist das noch ein Foto, wenn die abgebildete Person so aufgehübscht wird, dass die eigene Mutter sie nicht mehr erkennt?[24]

Dritter Akt – Im März 2023 geht ein Reddit-Post viral, der sich mit Samsungs »Space Photography« beschäftigt. Das Feature war schon seit 2020 in Samsung-Handys verfügbar und ermöglicht es unter anderem, gestochen scharfe Bilder des Mondes zu machen, zu denen eigentlich auch das beste Handy-Zoomobjektiv einfach aus physikalischen Gründen nicht in der Lage ist. Der Reddit-Account »@ibreakphotos« zeigt aber in verschiedenen Experimenten, dass der verschwommene Mond nicht einfach nur ein wenig geglättet wird, sondern dass die ganzen Krater, Mulden und Schatten gänzlich neu generiert sein müssen. Auch wenn sich der Hersteller nie detailliert dazu äußert, bleibt die Vermutung, dass Samsung eine auf Mondfotos trainierte künstliche Intelligenz verwendet. Erkennt die Kamera nun, dass man die Linse auf den Mond richtet, werden die unkenntlichen Flecken auf den Fotos mit klar umrissenen Mondstrukturen überschrieben. Es entbrennt in der Folge in verschiedenen Tech-Medien eine Diskussion darüber, ob ein Foto, bei der Bildkomponenten durch eine KI durch etwas ersetzt werden, das besser aussieht, noch ein Foto ist.[25]

Vierter Akt – Im April 2023 sorgt der Berliner Fotograf Boris Eldagsen für Schlagzeilen. Er hat mit einem Schwarz-Weiß-Bild, das zwei Frauen in eindringlich emotionaler Pose zeigt, einen Preis bei den Sony World Photography Awards gewonnen. Doch die Frauen gab es nie – das Bild ist nämlich mithilfe von KI-Bildgeneratoren erzeugt worden. Eldagsen lehnt den Preis demonstrativ ab, um zu zeigen, dass die altbackenen Regularien für solche Preise mit der neuen Herausforderung der künstlichen Intelligenz nicht Schritt halten; diese Regularien nämlich erlauben, dass zur Erstellung eines Fotos »jede beliebige Vorrichtung« verwendet werden dürfe. Damit will er eine Debatte über die Nutzung von KI anstoßen – und darüber, ob wir eine neue Kategorie brauchen, die »Promptography«, also eine Disziplin, bei der Fotoästhetik über Prompts erzeugt wird und nicht durch Inaugenscheinnahme. Oder ist das nur eine künstliche Trennung, und könnte es vielleicht sogar sein, dass eines Tages niemand mehr daran Anstoß nimmt, dass auch dann von einem »echten Foto« gesprochen wird, wenn zu seiner Erstellung niemand jemals seine Linse auf die Welt gerichtet hat?[26]

Fünfter Akt – Im Juni 2024 reicht der Fotograf Miles Astray für die KI-Kategorie des 1839 People's Vote Award das Bild *Fla-*

mingone ein. Der Titel ist sprechend, denn das Bild zeigt einen surreal wirkenden, grellorange leuchtenden Flamingo vor hellem Hintergrund, dem Kopf und Hals abhandengekommen zu sein scheinen. Das Bild soll laut Jury-Entscheidung eine Bronze-Medaille bekommen, doch kurz vor der Bekanntgabe verschwindet der Eintrag von der Webseite der 1839 Awards. Der Grund: Das Bild ist gar kein KI-Bild – sondern eine echte Aufnahme, geschossen von Astray im Jahr 2022. Astray begründet seine Einreichung damit, dass trotz der neuen KI-Möglichkeiten nach wie vor »nichts fantastischer und kreativer sei als Mutter Natur«. Und die Suche nach einer Antwort auf die Frage, was ein Foto sei, hat eine Wendung mehr bekommen.[27]

» Für Hobbyfotograf:innen sind die Möglichkeiten heute dank KI schier unbegrenzt. Umso mehr lohnt es, sich vorher Gedanken zu machen, welches Ziel du mit dem Fotomachen verfolgst – denn die Antwort hat Einfluss auf die Werkzeuge: Reizt es dich, echte Momente ungeschönt einzufangen, oder geht es dir um eine möglichst makellose oder spektakuläre Bildästhetik?

TEIL IV

FÜR FORTGE-SCHRITTENE

19. BESSERE KI-TEXTE

[von Franz] Es muss irgendwann im Herbst 2006 gewesen sein. Ich war mit meiner Schülerband in der Musikakademie in Trossingen zu Gast, einer Kleinstadt in Baden-Württemberg. Wir nahmen an einem Seminar teil, um zu lernen, wie man Songs aufnimmt und abmischt. Am letzten Tag zeigte der Seminarleiter uns einen digitalen Drumcomputer, der einen Drehregler hatte. Dieser Regler, hieß es, sei ein »Humanizer«. Er baue kleine Ungenauigkeiten ein, damit der Beat natürlicher klinge. Ich war fasziniert: Während der eigentliche Drumcomputer dafür sorgte, Trommelschläge mit unerbittlicher mathematischer Genauigkeit auf den Punkt zu bringen, konterkarierte der Humanizer diese Unerbittlichkeit am Ende wieder. Das Ergebnis war nur von sehr geübten Ohren von einem echten Schlagzeuger zu unterscheiden.

Was damals bei mir hängen blieb: Man kann Computer nicht nur als Werkzeug zur strengen Automatisierung einst handwerklich-kreativer Prozesse einsetzen, sondern auch als Mittel zur Verschleierung der Tatsache, dass es sich bei manchen Dingen um etwas Computergeneriertes handelt. Man kann das als unaufrichtig abtun. Aber man kann auch gerade in dieser Verschleierung die eigentliche kreative Tat sehen. Denn es muss ja irgendein Mensch gewesen sein, der die herkömmlichen, streng quantisierten Drumbeats als zu unorganisch empfand und den Humanizer erdachte.

Zurück ins Heute, zurück zur KI.

Wenn wir uns genauer anschauen, was ChatGPT standardmäßig so an Text produziert, dann fällt einem auf, dass das alles andere als ein »neutraler« Stil ist. Der Output ist voller Manierismen.

Oft klingen die Texte werblich und übertrieben enthusiastisch, und sie quellen – warum auch immer – von Reisemetaphern über: »Wir laden Sie ein, sich mit uns auf eine spannende Reise zu begeben. Dieses Meeting wird uns wie ein Kompass den Weg weisen und uns zu zukunftsweisenden Strategien navigieren.« Oder die Texte klingen distanziert, vage, pedantisch und blutleer. Wie ein Fachartikel, den keiner lesen will: »Künstliche Intelligenz hat das Potenzial, zahlreiche Branchen zu revolutionieren. Trotz der vielen Vorteile, die KI bietet, gibt es auch Herausforderungen und ethische Überlegungen, die berücksichtigt werden müssen.«

Und das wird dann millionenfach kopiert und eingefügt.

Wenn ich Texte lese, die offensichtlich auf dem erstbesten Ergebnis beruhen, das der Bot ausspuckt, dann wünsche ich mir Menschen, die sensibler mit Sprache umgehen. Oder wenigstens einen wirklich guten Humanizer für KI-Outputs. Ein Tool, das Texte so gestaltet, dass man ihnen ihren KI-Ursprung nicht anmerkt. Verbindlicher, freundlicher, direkter. Nicht wie eine überdrehte Trash-Werbung und auch nicht wie eine Akademiker:in im Halbschlaf. Wie eine gute Freund:in eher, die mir in der WG-Küche etwas erklärt, was ihr wirklich wichtig ist. Wobei: Eigentlich müssten das mehrere Tools sein, je nach Anlass. Ein Humanizer für Podcast-Skripte würde vielleicht für einen guten Dialogfluss sorgen; ein journalistischer Humanizer würde Worthülsen durch klare Formulierungen ersetzen.

Wir stehen am Beginn einer Epoche, in der generative KI es leichter machen wird, Inhalte zu erschaffen – auch wenn man kein Musikstudium absolviert, keine Journalistenschule besucht, keine Grafikausbildung hinter sich gebracht hat. Das ist im Sinne der Demokratisierung der Kreativproduktion erst mal gut. Aber: Es wird zu einer quantitativen Explosion der Inhalte führen. Und zu sehr viel Schrott. Es wird im schlimmsten Fall dazu führen, dass wir die handwerklichen Regeln der Kreativarbeit, die wir uns kulturell in Jahrhunderten erarbeitet haben, vergessen.

Wir haben in Kapitel 10 schon die Befürchtung anklingen lassen, dass wir, weil die KI zum Mittelmaß tendiert und wir uns unsererseits an die KI anpassen, immer mittelmäßiger werden könnten. Passend dazu hat der Autor Ray Nayler im *Time Magazine* davor gewarnt, die KI-Werkzeuge führten uns in ein Zeitalter, in dem die kreative Exzellenz auf der Strecke bleiben könnte. »Wer solche Werkzeuge verwendet, um eine Geschichte zu schreiben oder ein Bild zu erzeugen, wird genauso wenig zum Schriftsteller oder Künstler, wie es mich zu einem Tischler macht, ein Bücherregal von IKEA zusammenzubauen.«[28]

Das ist sicher richtig, obgleich ich auch andersherum argumentieren würde: Der KI-Einsatz alleine disqualifiziert dich noch nicht als ernst zu nehmende Schriftsteller:in oder Künstler:in. Was das Mittelmaß von der Exzellenz schon immer unterschied und auch in der Zukunft unterscheiden wird, ist der Wille, extra viel Arbeit zu investieren, um etwas extra gut zu machen, und das Erfahrungswissen, das langsam entsteht, wenn man das unzählige Male tut. Und das geht auch mit, sagen wir, Chatbot-generierten Texten. Ich kann einen Text mit einer Kaskade von durchdachten Prompts sehr gut machen, ich kann Aspekte wie »Wer ist mein Publikum?«, »Welcher Stil ist angemessen?« oder »Welche Quellen dürfen miteinbezogen werden?« berücksichtigen – oder ich kann eben das erstbeste Resultat von der Stange kaufen. Meine Hoffnung ist deshalb, dass es im KI-Zeitalter weniger Unterdurchschnittliches gibt und dass das

Mittelmaß nicht so sehr um sich greift, dass es keinen Raum mehr gibt für das Besondere, mit Sorgfalt Gemachte.

» Das nächste Mal, wenn du einen guten Text liest, versuche mal, zu beschreiben, was du an dem Stil magst. Verwende diese Beschreibung beim Prompten, um deine KI-generierten Texte zu verbessern.

20. WAS WIR GLAUBEN WOLLEN: DAS MÖGLICHE IM UNMÖGLICHEN AUSMACHEN

[von Dirk] Ein Oktober-Abend im Herbst 2024 in Wiesbaden. Ich spreche mit Autor Thomas Köck auf der Bühne des Literaturhauses Villa Clementine über die Veränderungen von Autor:innenschaft durch die Möglichkeiten von KI. Am Nachmittag haben er und die Musiker:innen Katharina Ernst, Annea Lounatvuori und Andreas Spechtl ihr Stück *The Weird and the Eerie* aufgeführt. Das Gespräch mit Thomas hat Seltenheitswert, denn wir haben uns beide – auf unterschiedliche Weise – von einer KI ersetzen bzw. duplizieren lassen. Ein wenig wie bei meinen Erfahrungen mit ChatDVG, treten auch in *The Weird and The Eerie* die vier Künstler:innen gemeinsam mit ihren eigenen Avataren auf, die sie mithilfe eines Controllers durch eine virtuelle Welt führen.

Das ist, im wahrsten Sinne des Titels der Inszenierung von Köck und Co., »seltsam« und in manchen Momenten sogar etwas »gespenstisch«. Beispielsweise wenn die virtuelle Annea Lounatvuori einfach nicht mehr antwortet und nur stumm dem Hauptcharakter folgt oder wenn der Avatar von Thomas Köck im Gespräch mit dem realen Autor einfach behauptet, den Raum bereits verlassen zu haben, vor dem der echte Thomas Köck auf ihn wartet – ihn aber nicht sieht. Diese Szenen entstehen ungeplant auf der Bühne, weil die KI-Figuren sich an keinen Text halten, sondern bei jeder Aufführung neu und anders interagieren. Das macht die Maschinen auf seltsame, gespenstische Art menschlich. Fast so, als seien diese Maschinen von Launen getrieben, die sie je nach Stimmung reagieren und sogar lügen lassen. Nichts zu spüren von der unbarmherzigen Regelbefolgung, die KI zugeschrieben wird – und die der Treibstoff für die menschliche Sorge vor einer übermächtigen Intelligenz ist, die nichts kennt als das Erreichen eines geprompteten Ziels.

Inhaltlich führt der Abend in einen Stollen der Erinnerung der Doubles von Spechtl und Köck in den Kellern Österreichs. Hier treffen sie unter anderen auf Jörg-Haider- und Hans-Christian-Strache-Avatare und deren hochproblematisches und rechtspopulistisches Gedankengut, das als vergessene Erinnerung oder aktuelle Gegenwart erscheint. Es bleibt unklar, was Erinnerung, was Gegenwart oder wiederum Halluzination der verwendeten KI ist. Wie beruhigend und menschlich diese Unklarheit der Zwischenräume sein kann, zeigt sich vor allem im Gegensatz zum deutlichen, unbarmherzigen Schwarz-Weiß-Denken der Avatare der beiden Rechtspopulisten in den virtuellen Kellern von *The Weird and The Eerie*.

Auch der Titel des Stücks macht sich selbst alle Ehre, ist er doch einem Essayband des 2017 verstorbenen Pop-Kritikers Mark Fisher entliehen, in dem dieser der Frage nachgeht, wie das Seltsame und das Gespenstische unsere Wahrnehmung beeinflusst. Eine seiner Referenzen ist dabei ein Essay von Sigmund Freud aus dem Jahr 1919 über das Unheimliche – das für Freud sich stets aus dem »Zweifel an der Beseelung eines anscheinend lebendigen Wesens« speist, und »umgekehrt darüber, ob ein lebloser Gegenstand nicht etwa beseelt sei«.[29] Dieser Satz ist über 100 Jahre alt (und selbst wiederum ein Zitat aus dem Aufsatz *Zur Psychologie des Unheimlichen* von Ernst Jentsch, der bereits in Kapitel 3 zu Wort kam) und trotzdem die vielleicht treffendste Beschreibung dieses unheimlichen Gefühls im Umgang mit KI: der Zweifel an der Beseelung eines anscheinend lebendigen Wesens.

Genau mit diesem unheimlichen Changieren zwischen künstlich und menschlich Wahrgenommenen spielt auch *The Weird and the Eerie*. Am Ende der Reise, für die Andreas Spechtl, Frontmann der österreichischen Band Ja, Panik, einen wunderbaren Soundtrack komponiert hat, wird behauptet, Musik und Texte des Abends stammten allesamt aus einem neuronalen Netzwerk und seien somit von einer KI erstellt worden. Dann ertönt eine Stimme, die sagt: »Das stimmt nicht. Aber jetzt halten Sie es trotzdem für möglich.«

Noch bevor sich das Publikum in diesem unheimlichen Zwischenraum zwischen Möglichkeit und Unmöglichkeit des technischen Fortschritts zurechtfinden kann, spricht die Stimme weiter und erzählt vom unaufhaltsamen Aufstieg rechtsextremer Parteien in ganz Europa – und prophezeit, dass diese in naher Zukunft die stimmenstärksten Kräfte auf dem Kontinent werden: »Das stimmt. Aber Sie halten es dennoch für unmöglich«.

Nicht nur weil das Stück sich in aller begrüßenswerter Unklarheit hier deutlich positioniert[30], ist dieser Abend eine der gegenwärtigsten künstlerischen Bearbeitungen der seltsamen und gespenstischen Veränderungen durch KI, die ich kenne. Er zeigt – gerade in dem Abschluss-Zitat –, welchen Einfluss unsere eigene Erwartung auf das hat, was wir glauben oder für möglich halten wollen. Und er macht erlebbar, was man vielleicht schon theoretisch weiß: dass die kategorische Trennung zwischen Original und Kopie, zwischen künstlich und natürlich, zwischen real und virtuell die Grundlage bildet für das, was wir seltsam und gespenstisch empfinden: Ist da eine Person hinter dem Chatbot, der Antworten liefert und so wirkt, als tippe da jemand Text ein? Ist da wirklich ein Mensch, der spricht, oder ist es eine Stimm-KI, die die Worte produziert? Es ist eine erstaunliche künstlerische Leistung, das sicht- und fühlbar zu machen – und ein gesellschaftlich-politischer Auftrag, diese Unheimlichkeit zu gestalten.

» Der Umgang und vor allem die Bewertung von Technologie hängt sehr stark von der eigenen Position und Erwartung ab. Das Unheimliche verliert seinen Schrecken, wenn Wissen hinzutritt. Wenn du also zum Beispiel weißt, wie der Inhalt entsteht, der in einem Chatgespräch mit einer Maschine plötzlich so menschlich wirkt, kannst du allein dadurch den Zweifel an der Beseelung eines anscheinend lebendigen Wesens zerstreuen.

21. BITTE EINMAL BILANZ ZIEHEN, CLAUDE

[von Franz] »Was tippst du da eigentlich?«

»Ich schreib mein Leben auf.«

»Dein ganzes Leben? Von vorne bis hinten?!«

»Ja, aber das wird nichts, was ich veröffentlichen möchte. Mir reicht es, wenn ich das am Ende ausdrucke und ins Regal stelle. Dann können unsere Töchter später mal nachlesen, was für ein Mensch ich in meiner Jugend war.«

Als mir meine Frau Anja erzählte, dass sie die wenigen ruhigen Augenblicke ihrer Elternzeit für ein autobiografisches Schreibprojekt nutzen wollte, war ich nur im ersten Moment überrascht. Das Geschichtenerzählen hatte bei ihr immer eine wichtige Rolle gespielt. In ihren Zwanzigern hatte sie Kurzgeschichten geschrieben, später unter Pseudonym einen Jugend-Fantasy-Roman, sie war viel in Schreibwerkstätten unterwegs gewesen. Und ihre Doktorarbeit handelte sogar explizit vom Erzählen.

Von ihr habe ich gelernt, wie wichtig Narrative für die Identität sind. »Jeder Mensch erfindet sich früher oder später eine Geschichte, die er für sein Leben hält«, heißt es in Max Frischs *Mein Name sei Gantenbein*. »Erfinden« klingt mir indes zu abwertend. Ich glaube nämlich, dass das mit dem Geschichtenerzählen über sich selbst unerlässlich ist. Wenn man nicht in Lethargie und Nihilismus abdriften will, muss man lernen, Sinn in dem zu finden, was einem widerfahren ist. Man muss die Lebenspunkte mit Verbindungslinien aneinanderbinden. Und wenn dabei eine traurige Geschichte herauskommt, eine Geschichte mit absurden Wendungen, dann ist das vielleicht auch okay. Aber es muss eine Geschichte sein, die in eine Richtung läuft: ein Plot mit Wendepunkten, Konflikten, einer Entwicklung. Und nicht einfach nur eine unzusammenhängende Abfolge beliebiger Ereignisse.

Umso neugieriger war ich darauf, zu erfahren, welche Geschichte der Veränderung Anja über sich erzählen würde. Irgendwann landete eine Word-Datei mit 97 eng beschriebenen A4-Seiten bei mir: Kindheit, Teenager-Zeit, Studium, Berufseinstieg. Auf der letzten Seite war ein Bild mit unseren beiden Töchtern. Ich begann zu lesen und war beeindruckt davon, wie nüchtern das alles formuliert war. Ich hätte wahrscheinlich, wenn ich meine eigene Biografie geschrieben hätte, viel mehr ausgeschmückt, so als wäre ich mein eigener Pressesprecher. Aber Anja beschrieb die Dinge, die schiefgelaufen waren, mit derselben ehrlichen Sorgfalt wie die Triumphe.

Eigentlich war es doch viel zu schade, das alles erst mal einfach nur liegen zu lassen, bis sich in einigen Jahrzehnten jemand dafür interessierte. In und zwischen den Zeilen steckte ja ein ganzes Leben. Ich schlug ihr ein Experiment vor: Lass uns eine Unterhaltung mit der KI starten. Die ist immerhin gut darin, Muster zu erkennen – warum nicht auch Lebensmuster? Im schlimmsten Fall käme nur Unsinn heraus, der uns einen lustigen Nachmittag bescherte, und im besten Fall könnten wir wirklich was lernen.

Als Werkzeug wählten wir den Chatbot Claude, denn er war zum damaligen Zeitpunkt ChatGPT darin überlegen, mit großen Textmengen umzugehen. Wir fügten also die 97 Seiten ins Chatfenster:

»Claude, kannst du mir Fragen zu diesen biografischen Aufzeichnungen von Anja beantworten?«

»Ja, ich habe die biografischen Aufzeichnungen von Anja gelesen und kann versuchen, Fragen dazu zu beantworten.«

Anja begann vorsichtig: »Wie würdest du Anja beschreiben?«

Das terrakottafarbene Claude-Sternchen begann zu pulsieren, wir warteten bestimmt eine halbe Minute. Dann folgte die Antwort, ein Absatz, der mit der Formulierung begann: »Basierend auf ihren biografischen Aufzeichnungen lässt sich Anja als eine reflektierte, spirituelle und vielseitig interessierte Frau beschreiben, die ein bewegtes Leben geführt hat.« Claude sprach von ihrer Sprachbegabung, Extravertiertheit, ihrer Kämpferinnen-Mentalität. Ein wenig schmeichlerisch vielleicht, aber gar nicht mal so schlecht, dachte ich.

Anja machte weiter, ich stand dabei. Sie fragte nach ihren Schwächen, bat um Ratschläge zur beruflichen Entwicklung. Am Ende fragte sie nach unangenehmen Wahrheiten über sich, die sich aus ihren Aufzeichnungen herauslesen ließen, denen sie sich aber nicht bewusst war. Und nach positiven Eigenschaften, die sie vielleicht selbst gar nicht auf dem Schirm hatte. Da änderte Claude seinen Stil und fing an, seine Antworten in sensible Briefchen zu gießen: »Liebe Anja, beim Lesen deiner Lebensgeschichte ist mir eine Qualität von dir besonders aufgefallen, die du selbst vielleicht gar nicht so wahrnimmst oder schätzt: deine Resilienz und innere Stärke.«

Inhaltlich war das alles gar nicht so weit weg von einer Therapiestunde oder einem langen Gespräch mit einem vertrauten Menschen. Anja sagte mir später, sie fand viele der Dinge, die Claude ihr sagte, erwartbar – was auch nicht überraschen dürfte, zumal sie selbst ja die Datengrundlage geliefert hatte. In anderen Fällen aber brachte sie die Schwerpunktsetzung des Chatbots durchaus zum Nachdenken: Für sie seien Beziehungen zu anderen Menschen wichtig, aber Claude habe demgegenüber auch betont, dass auch das Introvertierte bei ihr bisher eine große Rolle gespielt habe. Das ist insofern interessant, als Menschen, die Anja noch nicht lange kennen, zunächst oft ihre Gewandtheit nach außen bemerken, dass aber jene, die sie schon lange begleiten, wissen, dass die ruhigen, nachdenklichen Momente ihr ebenso wichtig sind.

Ein Chatbot wie Claude kann dabei helfen, Grundmotive im Leben zu erkennen und Gesichtspunkte an die Oberfläche zu heben, die man vielleicht aus dem eigenen Selbstbild verdrängt.[31] Natürlich muss niemand vorher sein ganzes Leben aufschreiben, um aus der Interaktion mit einem Chatbot etwas ziehen zu können. Ich glaube, der entscheidende Punkt ist, dass durch solche Interaktionen jeder die Möglichkeit eines lesenden Gegenübers hat – und dadurch eine Motivation mehr, sich Sorgen von der Seele zu schreiben. Das nämlich ist gesund, denn Studien zeigen, dass das schreibende Verarbeiten von emotional herausfordernden Situationen Körper und Geist guttun kann.[32]

» Wir können das analytische Potenzial von KI-Systemen nutzen, um Bilanz zu ziehen, ohne uns dabei zu sehr in eine bestimmte Richtung drängen zu lassen, die wir selbst in der Bewertung unserer Leben vielleicht einfließen ließen. Wichtig dabei: Auch die KI kennt nicht »die« Wahrheit über uns – sondern bereichert uns bestenfalls um eine weitere Perspektive.

22. DATENANALYSE: AUS ZAHLEN WIRD EINE GESCHICHTE

[von Franz] Wenn du nicht John Nash aus dem Film *A Beautiful Mind* bist, dann kannst du wahrscheinlich in ellenlangen Zahlenreihen nicht ohne Weiteres Muster erkennen. Zugleich bergen Daten oft ungehobene Schätze. Wenn man die richtigen Punkte verbindet, erhält man neue Erkenntnisse oder zumindest gute Denkanstöße. Das erklärt, weshalb viele Redaktionen mittlerweile Datenjournalist:innen anstellen und mit *Katapult* sogar eine eigene Zeitschrift existiert, deren Ziel es ist, durch Datenvisualisierung Verständnis für komplexe Zusammenhänge zu schaffen.

Auch du kannst Datenanalysen nutzen. Das heißt, du nutzt sie wahrscheinlich ohnehin schon. Wenn du zum Beispiel eine Finanztracking-App hast, erfährst du darin, wie viel du in den letzten Monaten jeweils gespart hast, und deine Smartwatch sagt dir, was sich aus deinem Bewegungsverhalten über deine Cardiofitness schließen lässt. Die Berechnungen dafür laufen im Hintergrund, ohne dass du viel davon mitbekommst.

Interessant ist nun, dass du dank KI deine Daten auch aktiv und nach deinen Vorstellungen analysieren kannst. Chatbots sind – wenn du auf deinen Datenschutz achtest, indem du die entsprechenden Einstellungen aktivierst – eine tolle Möglichkeit, sehr schnell etwas Nutzbringendes aus Tabellen zu ziehen, auch wenn du noch nie einen Statistikkurs besucht hast und nicht einmal weißt, wo sich die Diagrammschaltfläche in Excel befindet.

Alles, was es zum Beispiel braucht, um ChatGPT als Datentool zu nutzen, ist eine Tabelle im CSV-Format, wie sie sich in jeder Tabellenkalkulation erstellen lässt. Einfach ins Chatfenster ziehen, und der Bot wird dir Vorschläge machen: Willst du ein Diagramm oder eine Wortwolke? Willst du dich lieber auf diesen oder jenen Aspekt konzentrieren? Brauchst du nur eine schnelle Zusammenfassung, oder willst du so richtig ins Detail gehen?

Viel Spaß bei der Schatzsuche.

» Wenn du das mit öffentlichen Daten ausprobieren und dabei etwas über unser Land lernen möchtest, lad dir eine Tabelle vom deutschen Datenportal *govdata.de* herunter und leg los.

23. LEG DIE ORDNER ZU DEN AKTEN

[von Franz] Wissensmanagement, das ist ein sperriges Wort. Und doch würde ich behaupten, dass sich an der Frage des Umgangs mit genau diesem Wissensmanagement für sehr viele Menschen entscheiden wird, ob der Berufsalltag Spaß macht oder anstrengend ist.

Denn es ist doch so: Praktisch jeder, der in irgendeiner Form Büroarbeit verrichtet, muss Informationen organisieren. Es ist noch nicht allzu lange her, da stammten diese Informationen im Wesentlichen von A4-Blättern, Meetings (die damals noch Besprechungen hießen) und Telefonaten. Heute ist die Menge der Informationen und ihrer Quellen extrem gewachsen. An einem normalen Tag bin ich beispielsweise konfrontiert mit Slack-Nachrichten, Confluence-Seiten, Zoom-Meetings, Miro-Boards, dem Intranet, Websites, E-Mails, Kurznachrichten, kollaborativen Asana-Aufgaben, Kommentaren aus Google Docs, Social Media, Notizen aus dem Personalmanagement-Tool und, und, und. Wenigstens ruft keiner mehr an.

Es ist ja mittlerweile fast schon eine Binsenweisheit, dass die Digitalisierung zu einer Beschleunigung geführt hat. Wenn man mal überlegt, wie viele Informations-Nuggets man täglich von einem Ort zum anderen schiebt, dann wird klar, dass einem bei alledem gerne mal der Überblick verloren geht.

Wenn du ein ordnungsliebender Mensch bist, dann ist dein erster Impuls vielleicht, alles »ordentlich abzuheften« – sprich, alles irgendeinem Unterordner in irgendeinem Überordner zuzuweisen. In der Praxis bringt diese Logik mindestens zwei große

Probleme mit sich. Erstens: Nicht jede Informationseinheit gehört in genau einen Ordner, sondern meistens in mehrere. Aber Kopien zu machen (für jeden Ordner eine) ist zugleich auch das Tor zur Hölle, denn sobald du ein Dokument änderst, wird es zwei verschiedene Versionen desselben Dokuments geben. Wenn du schon ordnen willst, dann am besten mit einem flexibleren System. Programme wie Notion oder Todoist, die auf Labels basieren, von denen man mehrere auf einmal zuweisen kann, können den Alltag stark vereinfachen. Es kommt aber noch etwas dazu: So ein achtfach verästeltes Ordnersystem fühlt sich wahnsinnig gut und logisch an, hilft dir aber wenig, wenn es ums Wiederauffinden geht, und schon gar nicht, wenn du aus Informationen und Ideen, die irgendwo zwischen virtuellen Ordnerdeckeln verstaut liegen, etwas kreatives Neues schaffen willst.

Deshalb kommt hier mal ein etwas radikaler Vorschlag: Besorg dir ein Tool, das KI-gestützt arbeitet, und leg die Vorstellung zu den Akten, deine Aufgabe sei es, Ordnung zu schaffen. Mach es dir viel lieber selbst zur Aufgabe, in all dem Informationswirrwarr die gewinnbringendsten Verknüpfungen aufzuspüren und anzuwenden. Das geht zum Beispiel, indem du alles in ein Notizbuch packst und dann mit der KI in einen Dialog über die Inhalte des Notizbuchs trittst. Genau so, wie du es mit einer klugen Assistenz tätest. Die KI-Assistenz vergibt eigenständig Schlagwörter, indem sie wichtige Themen aus deinen Notizen extrahiert. Und du kannst Fragen stellen: »Was sind, basierend auf meinen Meeting-Notizen, die Themen, auf die meine Chef:in in diesem Jahr am meisten Wert legt? Und wie unterscheidet sich das vom letzten Jahr?« »Gib mir schnell die Umsatzzahlen aus der E-Mail vom November.« »Ich habe das Gefühl, dass manche unserer Projekte an zu hoher Komplexität scheitern. Findest du dafür Belege in meinen Aufzeichnungen?«

Wissensmanagement ist gar nicht so anstrengend, wenn es jemand anders für einen tut.

» Eine vielversprechende Möglichkeit, all das auszuprobieren, sind – neben Googles Projekt NotebookLM (mehr dazu in Kapitel 39) – auch die Anwendungen Mem.ai und Obsidian (wenn du KI-Plug-ins verwendest).

24. AUF DEM WEG ZUM WERKZEUG

[von Dirk] Kennst du den Spruch »Wer einen Hammer hat, sieht überall nur Nägel«? Er beschreibt, wie ein bestimmtes Werkzeug die Art und Weise beeinflusst, wie wir Lösungen zu finden glauben: Wir neigen dazu, stets das Werkzeug zur Lösungsfindung einzusetzen, das wir gerade zur Hand haben. Etwas Vergleichbares passierte im ersten KI-Hype mit dem Einsatz von künstlicher Intelligenz. Mit dem Hype wurde – um im Bild zu bleiben – die Welt zu einer Ansammlung von Nägeln. Was zur Folge hat, dass allüberall der Hammer zum Einsatz kommen muss, den wir gerade in der Hand halten. Soll heißen: Nahezu jede Problemlösung wurde um den Faktor KI erweitert. Ganz so, als sei KI eine Art magisches Gewürz, das du jedem Essen beimengen kannst, um es sofort gegenwärtig und zukunftsgewandt erscheinen zu lassen.

Was ich an dieser Haltung mag: Sie nimmt der KI das Unheimliche und macht sie zu dem, was sie sein sollte: ein Instrument, ein Werkzeug, das Menschen einsetzen können – zum Guten wie zum Schlechten. Das ist bei Instrumenten nun mal so.

Der erste Schritt auf der Heldenreise im Umgang mit KI besteht also darin, der KI genau diesen Charakter zuzuweisen: Sie kann eine Art Hauself sein, den auch wir Technik-Muggels bekommen, die wir keine besonderen Javascript-Beschwörungszauber im Harry-Potter-Stil beherrschen. Mit diesem Bild fassen manche die Zukunft von KI im Arbeitskontext zusammen. Der Internet-Vordenker und -Autor Kevin Kelly sprach auf der Technologie-Konferenz South by Southwest im Jahr 2023 davon, dass durch KI jede:r eine persönliche Assistenz haben wird.[33] Um dieser Assistenz sinnvolle Aufgaben zuzuweisen, müssten wir anfangen, Berufsbilder in Aufgaben (Tasks) zu denken. Es gehe nicht darum, dass ganze Berufszweige (Jobs) durch KI beendet würden, vielmehr würden bestimmte Aufgaben innerhalb eines Berufs von KI übernommen und andere verändert werden. In einem *Wired*-Essay aus dem Jahr 2022 stellt Kelly fest:

> *Ich habe die letzten sechs Monate damit zugebracht, mit KI tausende von Bildern zu erstellen […]. Und nachdem ich Interviews mit Erfindern, Power-Usern und anderen frühen Nutzern dieser Generatoren geführt habe, kann ich eine ganz klare Vorhersage machen: Generative KI wird die Art und Weise verändern, wie wir so ziemlich alles entwerfen. Oh, und kein einziger menschlicher Künstler wird wegen dieser neuen Technologie seinen Job verlieren.*[34]

Seine These: Tasks werden sich ändern, und Berufe werden andere Ausrichtungen bekommen – aber eben nicht verschwinden. Ich gehe davon aus, dass ich als Autor mithilfe der Maschine schreiben werde, deshalb aber viel mehr Zeit für echte Gespräche mit Menschen haben werde. Designer:innen werden mithilfe von KI Aufgaben automatisieren können, um aus mehr Entwürfen wählen zu können. Jeder Beruf wird mithilfe der KI unterschiedliche Arbeitsbereiche betonen bzw. automatisieren können.

» Finde deinen Hauself – und bereite deine Aufgaben so vor, dass sie von ihm erledigt werden können.

TEIL V

REISE ZUM MITTELPUNKT DER INTELLIGENZ

25. UND WAS IST JETZT INTELLIGENT?

[von Dirk] Desieer Eiseitg ergbit kennien Snin und dcoh bsit du in der Lgae ihn zu vesrhten.

Dein Gehirn fügt die Worte nicht so zusammen, wie wir sie getippt haben (was dank Autokorrektur übrigens gar nicht so einfach ist). Du erschließt dir diesen ersten Satz durch Zusammenhänge und durch Raten. Das Wort »dcoh« nimmt das in der deutschen Sprache geschulte menschliche Auge in dem spezifischen Zusammenhang eben als »doch« wahr – und erschließt sich so den Sinn und den Zusammenhang des Wortes. Wichtig sind der erste und der letzte Buchstabe, die den Rahmen setzen für den Begriff, der in diesem Kontext sinnhaft ist.

KI arbeitet anders mit Text – aber eben auch nicht so viel anders. Sie rät diese Zusammenhänge. Denn LLMs, die wir landläufig als intelligent wahrnehmen, assoziieren lediglich den jeweils nächsten Begriff in einem Text auf Basis von Kontexten: Je häufiger ein Begriff im Zusammenhang mit anderen Begriffen vorkommt, desto wahrscheinlicher ist für die KI, anzunehmen, dass die beiden zusammengehören und so eine sinnvolle Antwort produzieren. Künstliche Intelligenzen produzieren also gewissermaßen keinen Gesamttext, sondern hangeln sich auf der Basis von Wahrscheinlichkeitsberechnungen von Wort zu Wort. Häufig werden sie deshalb als stochastische Papageien kritisiert, die am Ende nur nachplappern, was ihnen vorgegeben wurde – von Menschen.

Dass KI so sehr von Kontextualisierungen abhängig ist, um Texte zu erzeugen, bedingt auch, dass sie (soweit wir das heute wissen) nicht in der Lage ist, in den Einzelbuchstaben-Modus zu wechseln, der uns Menschen zur Verfügung steht: Neben dem sinnerschließenden Einsaugen ganzer Begriffe, aus dem wir dann die Bedeutung ableiten, können wir natürlich auch so lesen, wie wir es in der Grundschule gelernt haben: Buchstabe für Buchstabe. Da uns das aber zu kompliziert und langsam wird, lesen wir nicht mehr in diesem Buchstaben-Modus, sondern lernen, die Worte quasi einzusaugen. (Wer sich tiefer mit der Art und Weise befassen möchte, wie das menschliche Auge Sinn erschließt und wir es dann Lesen nennen, sollte mal die App »Spritz« installieren, bei der Text in Häppchen zerlegt und wortweise ausgespuckt wird. Das einzelne Zeigen der Begriffe soll ein schnelleres Lesen ganzer Texte ermöglichen.)

Aber zurück zu den Kontexten. Wir haben bereits gesehen, dass diese eine große Rolle spielen bei der Art und Weise, wie wir Intelligenz wahrnehmen bzw. Zusammenhänge herstellen. Ob die reine Assoziationsbildung aus spezifischen Kontexten an sich schon intelligent ist, ist schwer zu sagen. Es ist in jedem Fall effizient. Intelligent ist es, diesen Vorgang immer wieder zu reflektieren. Denn für die Geschwindigkeit zahlen wir auch einen Preis: dass wir manche Dinge übersehen oder Muster erkennen, wo gar keine sind. In diesem Zusammenhang wäre Intelligenz deshalb vielleicht am besten als Fähigkeit definiert, die Perspektive zu wechseln. Ob LLMs als stochastische Papageien das im selben Maße können wie wir Menschen, ist also zumindest an gewisse Einschränkungen gebunden.

Bevor wir uns der Frage nähern, ob dieses Nachplappern dann intelligent sein kann, lenkt diese Perspektive den Blick vor allem auf uns selbst. Auf die Suche nach der Erkenntnis, was wir selbst als natürliche Intelligenz verstehen wollen bzw. wer wir eigentlich selbst sind.

Dem KI-Pionier John McCarthy wird das Bonmot zugeschrieben, dass etwas spätestens dann nicht mehr als künstliche Intelligenz bezeichnet wird, wenn es funktioniert.[35] Schon in den 1960er-Jahren beschrieb er so den KI-Effekt, der auf dem Paradox beruht, dass wir als Menschen die einzige Spezies sind, die selbst definiert, was eigentlich intelligent ist bzw. als intelligent angesehen werden kann. Und wenn etwas so verwirrend ist, dass wir es nicht wirklich erklären können, dann nutzen wir den KI-Effekt: Wir bezeichnen es als künstliche Intelligenz. Der Begriff greift allerdings nur so lange, wie das Unerklärliche der neuen Form für Verwirrung sorgt. Ab dem Zeitpunkt, an dem KI funktioniert, wir sie also als Werkzeug einsetzen, verliert sie nicht nur ihren verwirrenden Effekt, sondern auch die mystische Bezeichnung.

Während wir dieses Buch schreiben, erleben wir genau diesen Effekt in Bezug auf LLMs – aus dem Erstaunen, der Verwirrung und Überforderung ist ein aufgeklärter, einordnender Umgang geworden. Der Zauber von KI ist verloren gegangen – was aber sicher bleibt, ist die Herausforderung, vor die uns das Instrument stellt: nämlich die Frage zu beantworten, was menschliche Intelligenz eigentlich ausmacht.

In dieser Frage brachte der US-amerikanische Erziehungswissenschaftler Howard Gardner bereits in den 1980er-Jahren einen Perspektivwechsel. Seine Theorie der multiplen Intelligenzen öffnete den Blick auf Fähigkeiten, die für ihn zum allgemeinen Verständnis von Intelligenz zählen, bei klassischen IQ-Tests aber nicht gemessen werden bzw. nicht messbar sind. Gardner geht davon aus, dass Intelligenz sich durch mindestens zehn Dimensionen ausdrückt, von denen allerdings nur die ersten beiden bei der gängigen Definition von Intelligenz gemessen werden: die Fähigkeit zum logischen Denken sowie die Fähigkeit, Sprache zu verstehen und sich sprachlich auszudrücken. Und genau diese beiden Dimensionen sind es, die auch KI derzeit abbildet.

Gardner wies aber darauf hin, dass die Beschränkung auf diese beiden Aspekte von Intelligenz zu kurz greife. Er ergänzte die sprachlichen und logischen Facetten von Intelligenz um acht weitere Aspekte, die häufig in der Wahrnehmung und Bewertung von Menschen nicht als Intelligenz, sondern als Talente interpretiert wurden. Für ihn ist beispielsweise der gekonnte Umgang mit Zahlen oder mit Buchstaben nicht anders zu bewerten als der mit Noten und Tönen, sodass er einen erweiterten Intelligenz-Begriff entwickelte. Neben *Sprache* und *Logik* zählen für Gardner auch das *Selbstbild*, also die Fähigkeit, eigene Gedanken und Gefühle zu verwalten, oder die Kategorie der *Existenz*, als Voraussetzung, große philosophische Fragen zu beantworten, zur Definition von Intelligenz. Er erweiterte sie außerdem um *Soziale Interaktion*, als die Fertigkeit, zwischenmenschliche Beziehungen zu verstehen und zu gestalten, die *Bewegung*, um den eigenen Körper zu koordinieren, und *Raum*, also die Fähigkeit, sich zu orientieren. Die letzten drei erweiterten Kategorien bilden bei Gardener die *Natur*, als die Fähigkeit, sich mit Umwelt zu befassen, *Lehren*, als die Fähigkeit, Wissen zu vermitteln und zu unterrichten, und die *Musik*, also die Fähigkeit, sich musikalisch auszudrücken und Musik zu verstehen.

≫ Wenn Intelligenz mehr ist als Sprache und Logik, dann solltest du vielleicht genau auf diese Aspekte Wert legen. Ich werde mich mit den Aspekten, die sich nicht nur auf Logik und Sprache beziehen, im Folgenden ausführlicher befassen.

26. INTELLIGENZ IST MEHR ALS VERSTAND

[von Dirk] Der Heidelberger Autor Steve Ayan beginnt sein Buch *Lockerlassen* mit einem Experiment, das mich an mein Spiegel-Erlebnis im Umgang mit KI erinnert. Ayan bittet seine Leser:innen, vor einen Spiegel zu treten und sich selbst zu betrachten. Die Aufgabe bestehe nur darin, nicht weiter zu denken – und natürlich scheitert das Experiment, weil wir alle stets einen Strom von Gedanken im Kopf haben, so Ayan. Mithilfe des Einstiegsexperiments führt er seine Leser:innen aber an einen Punkt, den ich auch erreicht habe, als ich von Howard Gardners unterschiedlichen Aspekten der Intelligenz las – und der uns vielleicht als Startpunkt zu einem menschlicheren Umgang mit KI dienen kann.

Dieser Startpunkt trägt die Überschrift: Wir sind mehr als unser (bewusstes) Denken, mehr als Logik und Sprache. Was uns ausmacht – und eben auch von Maschinen unterscheiden könnte –, geht über das bewusste, zielgerichtete, konvergente Nach-Denken hinaus, bei dem wir in Richtung einer konkreten Lösung denken. Auch das divergente Denken, bei dem wir unstrukturiert unseren Gedanken folgen, gehört zu uns Menschen. Ayan beschreibt dies seinen vor dem Spiegel stehenden Leser:innen so: »Verabschieden wir uns davon, dass nur der richtig lebe, der sein wahres Ich kennt und alles kontrolliert. Es gibt kein wahres Ich. Und wir können niemals alles kontrollieren. […] Nur wer sich vergisst, findet zu sich.«[36]

Wenn wir diesem Ansatz folgen, dann gilt: Bewusstes Denken löst nicht alle Probleme, und Intelligenz sollte mehr sein als der denkende Verstand. Ayan fasst dies in seinem Buch in einem Akronym zusammen, das aus fünf Buchstaben eine Art Leitlinie formuliert, um sich vom Fokus auf das alleinige bewusste Nachdenken zu lösen. Ich finde diese SEIDE genannte Richtschnur einen guten Hinweis auf die Unterschiede zwischen Mensch und Maschine und fasse sie deshalb hier kurz zusammen:

Das S steht für die Kraft des Zufalls und leiht sich den Anfangsbuchstaben vom Wort *Serendipität*, das die Bereitschaft beschreibt, Unplanbares zuzulassen. Diese Offenheit, den Zufall geschehen zu lassen, steht im Gegensatz zur klaren Planung. Die eigene Körperlichkeit einzubeziehen, beschreibt der zweite Buchstabe, der aus dem Wort *Embodiment* stammt und zum Beispiel das eigene Bauchgefühl bei bestimmten Entscheidungen beschreibt. Hier geht es auch um die Intelligenz-Aspekte, die Gardner im Bereich der Bewegung und der räumlichen Orientierung beschreibt – und sie führen zum dritten Buchstaben, der *Intuition*, die auch als implizite Informationsverarbeitung beschrieben wird – also als Entscheidungskompetenz, ohne viel nachzudenken. Die Fähigkeit, den *Default-Modus* des Gehirns zu aktivieren, ist die Fähigkeit, nichts bewusst zu tun – und beschreibt den vorletzten Buchstaben des Akronyms, das vom Wort *Epiphanien* abgeschlossen wird, die sich vom altgriechischen Wort für Erscheinung (epiphaneia) ableiten und die Fähigkeit zur Abschweifung beschreiben.

Das Seide-Akronym und das Spiegel-Experiment illustrieren das Wissen darüber, dass Menschen mehr sind als ihre Gedanken und ihr Verstand. Oder wie es der Internet-Vordenker Kevin Kelly in einem Interview gesagt hat: »Nur weil ein paar mittelalte Männer gern nachdenken, ist Nachdenken nicht automatisch das Wichtigste der Welt. Zugespitzt gesagt: Wenn Sie Einstein und einen Tiger in einen Käfig sperren – wer gewinnt?«[37]

Der Wunsch, alles mit Sinn und Verstand erklären zu wollen, Pläne zu machen und zu bedenken, ist gut und richtig. Aber auf der Suche nach dem Unterschied des Menschen zur Maschine bleibt eine Leerstelle der Unsicherheit. Vielleicht ist es gar nicht nötig, diese zu füllen, vielleicht ist es besser, sie anzunehmen und anzuerkennen. Oder wie es der Philosoph Erich Fromm formuliert hat: »Ungewissheit ist gerade die Bedingungen, die den Menschen zur Entfaltung seiner Kräfte zwingt. Der Mensch wird nie aufhören, immer wieder verwirrt zu sein, sich zu wundern und neue Fragen zu stellen.«[38]

» Auf der Suche nach den menschlichen Facetten der Intelligenz kommen wir besser vorwärts, wenn wir nicht alles durch Nachdenken lösen wollen. Ich würde dir empfehlen: Probiere es mal mit Loslassen. ¯_(ツ)_/¯

27. EMOTIONALE INTELLIGENZ

[von Dirk] Ist Intelligenz ein Zustand oder ein Prozess? An der Arbeit des US-amerikanischen Psychologen und Herausgebers der Zeitschrift *Psychology Today* Daniel Goleman fasziniert mich vor allem, dass er deutlich sagt: Intelligenz ist keine unveränderliche Eigenschaft, die angeboren und wie Talent verteilt ist. Daniel Goleman sagt: Intelligenz kann trainiert und gesteigert werden. Und das gilt besonders für *emotionale Intelligenz*. So nennt Goleman sein 1995 veröffentlichtes Buch – mit dem er einige der Intelligenz-Aspekte beschreibt, die Howard Gardner in den 1980er-Jahren erweiternd zu den dominierenden Bereichen Sprache und Logik ergänzt. Goleman ist nicht der Erste, der sich mit diesen Aspekten der Intelligenz befasst, er hat aber den Begriff des EQ als Abkürzungen für den Emotionalen Intelligenz-Quotienten als Gegenpol zum IQ für den Intelligenz-Quotienten bekannt gemacht.

Emotionale Intelligenz ist für Goleman die Fähigkeit, die eigenen Emotionen sowie die Gefühle anderer identifizieren und benennen sowie bewusst mit ihnen umgehen zu können. Es geht also um jene Zwischentöne in der menschlichen Kommunikation, die über Logik und Sprache hinausreichen. Emotional intelligente Menschen erkennen, wenn andere zum Beispiel im Gespräch erröten oder schüchtern auf eine Frage reagieren. Sie verfügen über eine hohe soziale Kompetenz.

Dass Maschinen dazu in der Lage sein werden, wurde jahrelang abgestritten. Am Beispiel der ironischen Antwort, wie sie ein ChatDVG von sich geben konnte, haben wir aber auch gesehen, dass auch LLMs Zwischentöne zumindest wahrnehmen und abbilden können. Denn der Umgang mit ironischen Äußerungen ist ein gutes Beispiel für emotionale oder soziale Intelligenz, die sich nach Goleman am leichtesten in die folgenden vier Bereiche einteilen lässt: Wahrnehmung, Verstehen, Nutzung und Beeinflussung von Emotionen.

Das Besondere dabei: Alle vier Aspekte der emotionalen Intelligenz lassen sich trainieren. Wir können besser darin werden, Emotionen wahrzunehmen, zu verstehen, zu nutzen und zu beeinflussen. Konkret heißt das, dass Gefühle nicht einfach entstehen, weil uns etwas zustößt, sondern, dass wir uns entscheiden können, wie wir (emotional) reagieren. Dieser Prozess der emotionalen Regulation hat viel damit zu tun, wie wir uns selbst wahrnehmen, aber vor allem welche Vorstellung wir von uns haben. Auch hohe analytische Intelligenz alleine versetzt dich nicht in die Lage, eine soziale Aufgabe, wie zum Beispiel die gemeinsame Entscheidung in einer Gruppe über das beste Restaurant und den Weg dorthin zu treffen.

Die Psychologin Carol Dweck wählt in ihrem Buch *Selbstbild* den Begriff des dynamischen (Selbst-)Bildes des Menschen – und unterscheidet es vom statischen Selbstbild, bei dem Menschen davon ausgehen, dass »Eigenschaften in Stein gemeißelt seien«, und darauf Glaubenssätze über sich selbst aufbauen (»So bin ich halt«). Das dynamische Selbstbild setzt also die grundlegende Fähigkeit des Menschen voraus, dass wir alle »uns durch Einsatz und Erfahrung verändern und entwickeln«.[39] In einem viel beachteten Vortrag hat Dweck schon vor Jahren die Blaupause für eine recht eingängige Formel gelegt, denn anstatt unsere Fähigkeiten als unveränderlich zu betrachten und demzufolge bei einem Scheitern davon auszugehen, wir könnten etwas grundsätzlich nicht, können wir das Problem auch mit der

Einstellung angehen, es *noch* nicht zu können. Das eröffnet eine Perspektive für die Zukunft.[40]

Diese Perspektive aufs eigene Ich hat großen Einfluss auf einen weiteren Aspekt der Form von Intelligenz, die Gardner als Selbstbild beschreibt. Dabei geht es um den Blick, den wir auf uns selbst und unsere eigenen Emotionen werfen. Aber sie hat vor allem Einfluss auf unseren Umgang mit all den Möglichkeiten der KI, die wir auch in diesem Buch beschreiben: Emotionale Intelligenz wird in Zukunft auch heißen, zu ermitteln, ob eine Emotion von einer Maschine oder von einem Menschen stammt.

» Die Fähigkeit, Emotionen wahrzunehmen, zu verstehen, zu nutzen und zu beeinflussen, ist ein bedeutsamer Aspekt von Intelligenz. Und das Beste daran ist, dass wir besser darin werden können.

28. LERNE SCHREIBEN! GERADE WEIL KI ES KANN

[von Dirk] »Mir ist ein interessantes Phänomen aufgefallen«, schrieb Howard Gardner im Sommer 2020 in sein Weblog, als er bemerkte, dass er eine immer größere Zahl von Anfragen zum Bereich der existenziellen Intelligenz, also der Fähigkeit zur Selbstreflexion und zur Behandlung existenzieller Fragen, erhielt.[41]

Ursache für seinen Beitrag und für die gestiegene Zahl der Anfragen waren die Folgen der Corona-Pandemie. Durch die weltweite Krise, den Lockdown und die gesundheitlichen wie gesellschaftlichen Nachwirkungen entstand ein großes Interesse an dieser Fähigkeit. Gardner empfiehlt in seinem Beitrag die Lektüre des Buches *Die Pest* von Albert Camus und die Beschäftigung mit der existenziellen Philosophie. Im Kontext dieses Buches und vor allem auch mit etwas zeitlichem Abstand zu den Ereignissen der ersten Pandemiejahre würde ich einen sehr viel einfacheren und konkreten Ratschlag geben: Fang an, zu schreiben!

Die Fähigkeit, existenzielle Fragen zu behandeln, hängt eng mit unserer emotionalen Intelligenz zusammen – also mit der Reflexion der eigenen Emotionen. Und dabei ist das Schreiben an sich ein erstaunliches Hilfsmittel. Es geht nämlich um mehr als um die Produktion von Text, es geht um die Hilfe beim Denken – was man zum Beispiel daran sieht, dass das tägliche Notieren von Gefühlen und Beobachtungen in einem Tagebuch sehr hilfreiche Folgen für die eigene geistige Gesundheit haben kann. Doch gerade wenn wir nicht mehr Schreiben müssen, weil Maschinen Worte in Zusammenhänge stellen können, können und sollten wir es zum Beispiel beim sogenannten Journaling besonders nutzen. Nicht zum Veröffentlichen, sondern als kulturelle Leistung und als Hilfsmittel zur Verbesserung unserer existenziellen Intelligenz.

Paul Graham hat mich auf diesen Aspekt gebracht. Er ist einer der bekannteren Autoren und Investoren im Silicon Valley. Seine Vorhersagen und Prognosen werden beachtet. Und so schauten die Leute auch hin, als er im Oktober 2024 schrieb: »Normalerweise bin ich zurückhaltend, wenn es um die Zukunft der Technologie geht, aber bei dieser bin ich mir ziemlich sicher: In ein paar Jahrzehnten wird es nicht mehr viele Menschen geben, die schreiben können.«[42]

Graham leitet her, was uns auch in diesem Buch beschäftigt: Zur Produktion von Sätzen müssen wir nicht mehr zwingend selbst denken. Maschinen können Inhalte produzieren, wenn man so will: schreiben. Werden wir diese Fähigkeit ausgiebig nutzen, verändert das jedenfalls unser eigenes Verhältnis zum Schreiben an sich. Ob Grahams Prognose, dass wir das Zepter, oder besser, den Stift, ganz aus der Hand geben, wirklich stimmt, kann ich nicht beurteilen. Ich sehe aber, dass er recht hat in der Beschreibung der Folgen: Wenn wir nicht schreiben, verlieren wir die Fähigkeit zur Selbstreflexion und damit auch die Voraussetzung für existenzielle Intelligenz.

» Wenn man diesen Gedanken rückwärts geht, gelangt man zum besten Ratschlag für existenzielle Intelligenz: Strukturiere deine Gedanken schreibend – gerade, weil Maschinen jetzt auch schreiben könnten. Denn: Schreiben hat neben der Produktion von Text einen zweiten Wert, der uns beim Denken hilft.

29. WAS WÜRDE ROBERT SAGEN?

[von Dirk] Woran erkennst du einen Menschen? Vielleicht daran, dass er mit dir spricht? Der Austausch ist die vermutlich beste Unterscheidung zwischen Menschen und Maschinen. Alan Turing hat auch deshalb genau dieses Gespräch zum Distinktionsmerkmal zwischen einem Computer und einer Person gemacht. Der nach ihm benannte Turing-Test gilt dann als bestanden, wenn eine Maschine dich glauben machen kann, sie sei ein Mensch.

Inhalte formulieren und transportieren – diese Fähigkeit haben Menschen für definitorisch für ihre eigene Intelligenz gehalten. Und diese sichtbare Fähigkeit von LLMs hat auch den Durchbruch von KI in der öffentlichen Debatte ermöglicht. Die Tatsache, dass Chatbots im Dialog sprechen und schreiben, vermenschlicht die Maschinen. Neben den technischen Errungenschaften, die ChatGPT in den letzten Jahren so populär machten, basiert der Erfolg von OpenAI auch auf dem sehr gut gebauten sogenannten User-Interface. Die Tatsache, dass die Textausgabe bei ChatGPT so wirkt, als tippte dort hinter dem Bildschirm jemand oder etwas, befördert das Gefühl der Vermenschlichung der Technologie. Weil die KI wie ein Mensch tippt, halten wir sie auch eher für menschenähnlich und fragen uns: Hat die Maschine eine Seele? Und genau deshalb schreiben wir ihr auch weitere menschliche Eigenschaften, wie Machtstreben oder auch Boshaftigkeit, zu.

Die Fülle an Anthropomorphismen, die wir zum Beispiel auch daher kennen, dass Roboter häufig mit vermeintlich menschlichen Gesichtern mit Augen und Mund ausgestattet werden – obwohl diese für die Funktionalität gar nicht zwingend nötig wären –, beflügeln diese Wahrnehmung zusätzlich. Wir sind es mittlerweile gewohnt, dass Bots mit Mimik und Gestik Emotionen zeigen. Technisch spricht man von *affective computing*, also der Fähigkeit, Gefühle des Gegenübers zu erkennen und zu spiegeln.

Neben dem Anthropomorphismus gibt es aber noch einen zweiten Aspekt, der das Chatten so bedrohlich menschlich wirken lässt: Die KI kann nicht nur chatten wie ein Mensch, sie kann diesen auch außerhalb von Chatfenstern komplett ersetzen. Jedenfalls behaupten dies Angebote wie Kuki.ai, der Woebot oder Replika. 2017 hatte Eugenia Kuyda diesen Bot gestartet – weil ihr Partner Robert bei einem Autounfall ums Leben kam: »Ich habe mir die alten Textnachrichten angesehen, die wir im Laufe unserer Beziehung ausgetauscht hatten, und mir wurde plötzlich klar, dass ich all diese Texte habe«, erzählt sie in der Dokumentation *The Machine That Feels* und fragt: »Was wäre, wenn ich einen Chatbot bauen könnte, mit dem ich ihm tatsächlich eine SMS schicken und etwas zurückbekommen könnte?«[43] Basierend auf dieser Erfahrung entwickelte sie das Angebot Replika, das aus der theoretischen Frage »Was würde Robert sagen?« eine vermeintlich realistische Antwort lieferte. Vergleichbar mit meinem eigenen KI-Klon ChatDVG, schuf Kyda die Möglichkeit, mit einer künstlichen Intelligenz so zu chatten, als handele es sich um einen Menschen. Nur mit dem einen – großen – Unterschied, dass dieser Mensch vorher gestorben war. Und selbst wenn es nicht wirklich der Mensch ist, der da schreibt, so schreibt die Maschine doch im Geist des Menschen. Wobei die Sprache hier verräterisch ist. Denn die Maschine hat nichts mit einem Geist zu tun, sie imitiert nur die Muster aus der Vorlage – und erweckt damit den Eindruck, so zu schreiben, wie der als Vorlage dienende Mensch es getan hätte.

Dafür gibt es offenbar einen großen Bedarf: »Wir haben gesehen«, zitiert der *Guardian* die Replika-Gründerin, »dass es eine große Nachfrage nach einem Raum gab, in dem Menschen sie selbst sein konnten, über ihre eigenen Emotionen sprechen konnten, sich öffnen konnten und das Gefühl hatten, akzeptiert zu werden.« Diesen Raum hat sie mit Replika und mithilfe von künstlicher Intelligenz öffnen wollen. Was daran bemerkenswert ist: Noch vor einer Weile hätte man gedacht, dass ein Raum mit den Eigenschaften, die Kyda da beschreibt, nur von Menschen bespielt werden könnte: Emotionen, Akzeptanz, Offenheit – das waren doch immer Eigenschaften, die wir Menschen uns als menschlich zugeschrieben hatten. Der Anthropomorphismus wirkt in diesem Fall so stark, dass wir hinter dem Chatfenster nun diese grundlegenden menschlichen Eigenschaften vermuten.

Der Technologie-Autor Ben Evans hat im Frühjahr 2024 aber darauf hingewiesen, dass der Fokus lediglich ein Anfang sein kann. »Mich erinnert das an die Anfangszeit von Google, als wir so sehr daran gewöhnt waren, unsere Problemlösungen selbst zu erarbeiten, dass es eine Weile dauerte, bis wir erkannten, dass man ›das einfach googeln‹ konnte«, schreibt er in seinem Blog und erinnert: »Es gab sogar Bücher darüber, wie man Google benutzt, so wie es heute lange Abhandlungen und Videos darüber gibt, wie man ›Prompt Engineering‹ lernt.«[44]

Uns scheint es wichtig, auf diesen Aspekt hinzuweisen. Denn erstens wissen wir nicht, wohin uns die Möglichkeiten der KI führen werden – und zweitens steckt hier, wie Ben Evans schreibt, auch ein Muster im Umgang mit neuen Technologien:

Man beginnt damit, sie an die Dinge anzupassen, die man bereits tut, wo es einfach und offensichtlich ist, dass es sich um einen Anwendungsfall handelt, wenn man einen hat, und später, im Laufe der Zeit, ändert man seine Arbeitsweise, um sie an das neue Werkzeug anzupassen.

In jedem Fall stellt uns der allgegenwärtige KI-Chat in all seinen unterschiedlichen Formen unausgesprochen die Frage danach, was uns als Menschen bzw. was zum Beispiel ein genuin menschliches Gespräch eigentlich ausmacht. Der Autor Nicolas Sabouret bringt es in seinem Buch *Understand Artificial Intelligence* so auf den Punkt: Was auch immer die Zukunft bringt, eines ist sicher: Die KI hat die Menschheit zu einem besseren Verständnis ihrer selbst geführt.[45]

» Lerne, wie ein Mensch zu sprechen! Das heißt, genau darauf zu achten, was ein Gespräch menschlich macht – zum Beispiel die Tatsache, dass du etwas auch so meinst, wie du es sagst.

30. BEWEGUNGSINTELLIGENZ

[von Dirk] »Für gewöhnlich wird die Einzigartigkeit des Menschen als eine Frage des Bewusstseins dargestellt. Doch auch der menschliche Körper sucht seinesgleichen auf der Erde und hat in mancher Hinsicht dieses Bewusstsein geprägt«, schreibt die US-amerikanische Essayistin Rebecca Solnit in ihrem Buch *Wanderlust – eine Geschichte des Gehens* und betont, welche bedeutsame Rolle die Bewegung für die (Selbst-)Definition des Menschen spielt. »Einige Wissenschaftler sehen im zweibeinigen Laufen den Mechanismus, der das Größerwerden unseres Gehirns in Gang setzte, andere die Struktur, die unsere Sexualität festlegte.«[46]

Ich finde diese Erinnerung an den Wert der Bewegung für die menschliche Entwicklung wichtig, weil der Begriff Bewegungsintelligenz zumindest bei mir merkwürdige Assoziationen entstehen lässt: Ich sehe dabei Menschen, die sich gazellenhaft bewegen können, anmutig Übungen ausführen und überhaupt herausragende Bewegungstalente sind. Dabei geht es bei dem Begriff gar nicht um Herausragendes und schon gar nicht um Talente, es geht auf der untersten Ebene um die Fähigkeit, zu gehen und in Bewegung zu bleiben. Solnits Buch erinnert genau daran und kann uns deshalb helfen, den Wert der Bewegung für die Einzigartigkeit der Menschen zu erkennen.

Das, was Rebecca Solnit beschreibt, kannst du nämlich nachfühlen, wenn du dich selbst in Bewegung setzt. Dabei ist es fast egal, ob du rennst, langsam läufst oder spazieren gehst. Allein die Tatsache, dass du dich bewegst, hat Einfluss auf dich – und auf das Bild, das du von dir hast: Du fühlst dich anders, wenn du einige Minuten gegangen bist. Dein Körper hat neue, andere Prozesse in Gang gesetzt, die du nicht auslöst, wenn du sitzen bleibst.

Neben dem Aspekt der Bewegungsintelligenz steckt hier noch ein zweiter Aspekt der Intelligenz, der als Fähigkeit beschrieben wird, in der Natur zu sein – und sich im Raum zu orientieren. Letzteres kann vielleicht auch eine KI schaffen, wenn sie beispielsweise als Staubsaug-Roboter räumliche Orientierung schafft. Aber sie wird nie zu dem in der Lage sein, was Apple-Gründer Steve Jobs mal als Ratschlag formuliert haben soll: »Wenn du ein schwieriges mentales Problem nicht in zehn Minuten lösen kannst, stehe auf und geh spazieren.«[47]

Diese Dimension der menschlichen Intelligenz unterscheidet uns nicht nur von Maschinen, wir können sie auch durch regelmäßiges Üben trainieren, ähnlich wie beispielsweise Sudokus zu lösen die kombinatorischen Fähigkeiten des logischen Denkens schult. Beim Thema »Bewegung« wird besonders deutlich: Unsere physischen Fähigkeiten an sich sind ganz ähnlich wie Muskeln, sie werden besser, wenn sie (heraus-)gefordert und trainiert werden.

Es geht dabei um den Weg, nicht um das Ziel. Dieser Satz bezieht sich auf das Lauftraining, das du nicht durchziehst, weil du dich von A nach B bewegen willst, sondern, weil du die Bewegung suchst. Ähnliches gilt für viele Projekte, die ihren Wert aus dem Weg an sich und nicht aus dem Überbrücken einer Strecke ziehen. Puzzeln zum Beispiel ist für viele Menschen allein deshalb ein guter Zeitvertreib, weil sie auf dem Weg zu Kontemplation gelangen. Für eine KI ist dies nicht nachvollziehbar. Die Form von LLMs, über die wir hier bisher gesprochen haben, wollen Strecken zurücklegen, um Ziele zu erreichen. Der Weg ist nie das Ziel an sich, sondern stets nur Mittel zum Zweck.

Wer Freude an der Bewegung hat, wird feststellen, dass in der Bewegungsintelligenz ein Aspekt liegt, der der KI verschlossen bleibt: Der Weg an sich ist das Ziel. Die Bewegung selbst führt zum Ziel.

» Bewege dich!

31. MEHR – WENN DU ES TEILST

[von Dirk] Was haben Liebe, Vertrauen und digitale Dateien gemeinsam? Sie werden mehr, wenn man sie teilt. Ich nutze dieses Bonmot, um zu beschreiben, was die Besonderheit der digitalen Kopie ausmacht: Sie löst Inhalte vom Datenträger und führt dazu, dass sie mehr werden, wenn sie geteilt werden.

Das gilt aber eben nicht nur für Files und Dateien, es gilt auch für bedeutsame Gefühle und (Selbst-)Beschreibungen: Wenn du zum Beispiel das Gefühl hast, selbst nicht kreativ zu sein, kann es sehr hilfreiche Folgen haben, wenn du andere darin unterstützt, ihre Kreativität auszuleben. Auch Liebe und Vertrauen wachsen auf diese Weise.

In der Psychologie hat dieses Muster einen Namen. Man spricht vom *Protegé-Effekt*, gemeint ist die Beobachtung, dass wir Dinge leichter lernen, wenn wir sie anderen erklären: »Es gibt nur wenige Abkürzungen zur Meisterschaft, aber der Protegé-Effekt scheint eine der effektivsten Möglichkeiten zu sein, unser Wissen und Verständnis zu beschleunigen«, schreibt der Wissenschaftsautor David Robson im *Guardian* und ergänzt: »Wir lernen effektiver, wenn wir jemand anderem das Thema beibringen, das wir gerade behandelt haben – selbst wenn diese Person gar nicht existiert.«[48] Wir können den Effekt also auch dann nutzen, wenn wir einen Prozess, eine Sprache oder einen anderen Zusammenhang beispielsweise einer Gummiente erklären – oder eben einem KI-Chatbot.

In Bezug auf die Frage, was genau menschliche von künstlicher Intelligenz unterscheidet, interessiert mich an dem Effekt aber der gegenteilige Aspekt: also nicht wie wir KI etwas erklären können, sondern wie die Fähigkeit, zu lehren, uns von einer KI unterscheidet. Denn Lehren funktioniert immer dann besonders gut und glaubwürdig, wenn die lehrende Person auf eigene Erfahrungen zurückgreifen und eigene Erfahrungen oder Gefühle einbringen kann.

Beides kann eine KI nicht.

Und das ist relativ leicht mit einem Experiment zum Nachmachen herauszufinden: Frag ChatGPT einfach, wie es sich anfühlt, nach einer langen Wanderung an einem warmen Sommertag in einen kühlen Bergbach zu springen, und ChatGPT wird etwa so antworten:

> *Das Gefühl, nach einer langen Wanderung an einem warmen Sommertag in einen kühlen Gebirgsbach zu springen, ist unbeschreiblich erfrischend und belebend. Der Moment, in dem dein Körper das kalte Wasser berührt, fühlt sich wie ein scharfer, aber angenehmer Kontrast zur Wärme und Erschöpfung an. Es ist, als ob die Kühle des Wassers sofort alle Müdigkeit aus deinen Muskeln zieht, und ein Gefühl der Lebendigkeit durchströmt dich. Die Kälte des Wassers kribbelt auf der Haut, während das Rauschen des Bachs und die frische, reine Luft um dich herum für ein tiefes Gefühl der Verbundenheit mit der Natur sorgen. Es ist ein Moment, in dem du alles andere vergisst und nur den Augenblick genießt. Die Welt wird klarer und deine Sinne wacher. Es ist ein Gefühl von Freiheit und purer Lebensfreude.*

Fragt man dann weiter »Woher weißt du das?«, wird es interessant:

Das ist eine gute Frage! Obwohl ich selbst keine physischen Erfahrungen machen kann, basiert meine Beschreibung auf dem, was Menschen typischerweise in solchen Situationen empfinden und wie sie es beschreiben. Ich kombiniere Wissen über menschliche Emotionen, sensorische Wahrnehmungen und die allgemeinen Reaktionen des Körpers auf verschiedene Umstände, um solche Erfahrungen so treffend wie möglich zu schildern. Durch die vielen Texte, Berichte und Beschreibungen, die ich »gelesen« habe, kann ich nachvollziehen, wie Menschen sich in bestimmten Momenten fühlen könnten, und diese Gefühle in Worte fassen.

Tja, überzeugend klingt das nicht. ChatGPT hat keine echten Erfahrungen vorzuweisen – du aber schon. Nutze sie!

» Du solltest dir den Protegé Effekt zunutze machen: Versuche, anderen etwas zu erklären – und damit deine Lehr-Intelligenz zu steigern.

32. COOL UND UNCOOL

[von Dirk] Für einen mittelalten weißen Mann mit deutschsprachiger-intellektueller Prägung, wie mich und meinesgleichen, gibt es etwas, was hilfreicher für die Beantwortung aller großen Lebensfragen ist als jeder KI-Chatbot: das Gesamtwerk der Band Tocotronic. Die Musiker, die aus der Indie-Szene der sogenannten Hamburger Schule stammen, haben ein beachtliches musikalisches Repertoire eingespielt. Es bildet die Grundlage für Ratschläge, Slogans und Kommentare für nahezu alle Lebenslagen. Das liegt zum einen an der großen Anzahl an Songs, die gerade in der Frühphase der Band auch sehr offen und damit anschluss- und interpretationsfähig getextet waren. Zum Zweiten liegt es aber an den Erwartungen, mit denen meinesgleichen auf die Texte schaut. Ich will in den Worten Weisheit erkennen, deshalb erkenne ich sie dort auch. Denn allein die Feststellung »Es gibt nur cool und uncool und wie man sich fühlt«, die in die Annalen der tiefen Internetsprüche eingegangen zu sein scheint, würde noch keinen Beitrag über den Aspekt der ästhetischen Intelligenz rechtfertigen.[49] Durch die Referenz auf den Song *Ich mag dich einfach nicht mehr so* aus dem Jahr 1995 wird aus einer scheinbaren Behauptung aber eine Erkenntnis.

Denn ästhetische Intelligenz, also die Fähigkeit, das Schöne in Kunst und Kultur zu erkennen und vielleicht sogar selbst zu gestalten, basiert immer mehr auf der Kompetenz, Kontexte zu interpretieren. Was Tocotronic sagen, gilt in einer Welt, in der KI-Maschinen Inhalte erstellen können, auf allen Ebenen: Die

Bewertung (cool/uncool?) wird ebenso wichtig wie der ästhetische Wert des Werks an sich.

Denn auch ein reiner KI-Text, ein von KI erstelltes Bild oder Musikstück, kann ästhetischen Wert erlangen, ob das jedoch als wertvoll, also »cool« angesehen wird, hängt sehr stark von der sozialen Bewertung ab. Wird ein Werk als kunstvoll oder gar hochwertig wahrgenommen, wenn es ohne menschliches Zutun zustande kam? Dieser Prozess der sozialen Zuschreibung des künstlerischen Werts von Kunst gehörte schon immer zum Rezeptionsprozess von Kunst. Walter Benjamin schrieb beispielsweise dem Originalkunstwerk einen besonderen Wert zu, den er als Aura bezeichnete. Die anschließende Diskussion darüber – gerade mit Blick auf die Möglichkeiten der digitalen Kopie – zeigt, wie das Kunstwerk im Zeitalter seiner technischen Reproduzierbarkeit schon immer vom Urteil des Publikums abhängig war.

» Du solltest dir über den Kontext von Inhalten bewusst werden – die Entstehungsbedingungen spielen eine große Rolle bei der Bewertung. Nicht nur in Bezug auf die Frage, ob ein Video, Bild oder Text mithilfe von KI erstellt wurde oder nicht.

33. DENKEN ALS PROZESS

[von Dirk] In der Geschichte vom *Faust* lässt Johann Wolfgang von Goethe seine Hauptfigur im Dialog mit Wagner eine erstaunliche Beobachtung formulieren: »Wenn Ihr's nicht fühlt, Ihr werdet's nicht erjagen«, sagt der Doktor Faustus – und ich musste an diese Stelle denken, als ich mich auf den Weg durch die unterschiedlichen Aspekte menschlicher Intelligenz machte und mir dabei vorkam wie jemand, der aus unterschiedlichen Teilen ein Puzzle zusammensetzt. Nicht so sehr, weil ich schon ein vollständiges Bild erlangt hätte, sondern vor allem, weil der Prozess des Puzzelns selbst so ein gutes Bild ist.

Ein Symbol für das, was die menschliche Intelligenz von der künstlichen Intelligenz unterscheidet: vielleicht nicht mehr das Ziel an sich, aber der Weg dorthin. Der Prozess des Denkens.

Ein Puzzle zusammenzusetzen, ist aus der Perspektive einer KI eine Aufgabe, die sie vermutlich schneller und besser erledigen kann, als ich es könnte. Aber beim Puzzeln geht es eben nicht nur darum, eine Aufgabe zu erledigen. Es geht beim Puzzle nicht nur darum, das Ziel zu erreichen. Es geht um den Weg, um die Beschäftigung und die Freude, selbst ein Problem gelöst zu haben: um den Prozess des Puzzelns.

Gleiches gilt für die Bewegung und die ästhetische Intelligenz: Der Weg ist mindestens so wichtig wie das Ziel. Bewegung an sich, Musik an sich und auch das Denken an sich sind Werte, die mindestens so wichtig sind wie das reine Erreichen eines Ziels. Es sind Werte, die durch menschliche Intelligenz erreicht werden können – wenn wir den Blick auf den Prozess richten, statt nur auf Produkte und Ergebnisse zu schauen. ChatDVG kann zwar Antworten liefern; die KI, die mit meinen Texten arbeitet, kann aber nicht den Prozess begleiten, den ich gegangen bin, um die Gedanken in Texte zu legen. Die Erinnerung daran, wann dir ein Einfall gekommen ist, welche Bemerkung bei dir einen neuen Impuls ausgelöst hat oder welches Gespräch dich auf eine Idee gebracht hat – all das kann KI nicht. Mir fiel dieser Aspekt auf, als ich auf einer italienischen Autobahn Richtung Triest fuhr und in der Stille des Autos über all das nachdachte. Für das Ergebnis, also diesen Text hier, ist das unerheblich, und der Lektor wird es vermutlich streichen wollen, aber für mich wird dieser Aspekt immer eine Rolle spielen.

Aus der Perspektive der Ziel-Erreichung, auf die KI optimiert ist, klingt es merkwürdig, aber der Prozess an sich hat Bedeutung. Es geht nicht nur ums Ankommen, sondern darum, auf der Reise zu sein. Um herauszufinden, warum dies so ist, braucht es Empathie, Einfühlungsvermögen und eine Form von ästhetischer Intelligenz, um in der Passage aus Goethes Faust zu erkennen, was sie über den menschlichen Umgang mit KI zu sagen hat:

Wenn ihr's nicht fühlt, ihr werdet's nicht erjagen. / Wenn es nicht aus der Seele dringt, / Und mit urkräftigem Behagen / Die Herzen aller Hörer zwingt. / Sitzt ihr nur immer! Leimt zusammen, / Braut ein Ragout von andrer Schmaus, / Und blast die kümmerlichen Flammen / Aus eurem Aschenhäufchen raus! / Bewundrung von Kindern und Affen, / Wenn euch darnach der Gaumen steht; / Doch werdet ihr nie Herz zu Herzen schaffen, / Wenn es euch nicht von Herzen geht.

Dieser emotionale Aspekt mag esoterisch klingen. Er bezieht sich aber auf das, was auch ein echtes, menschliches Gespräch ausmacht – die Antwort auf die Frage: Meinst du das auch so? Sie deutet an, dass es nicht nur um die Worte geht, die gesprochen werden, sondern auch um deren Intention und (Be-)Deutung. Oder um es mit Goethe zu sagen:

Erquickung hast du nicht gewonnen / Wenn sie dir nicht aus eigener Seele quillt.

» Mach dich auf den Weg des Denkens! Und vergiss nicht, dass Denken ein Prozess ist, der auch unabhängig vom Ergebnis einen Wert hat.

34. CO-INTELLIGENCE – WIE KONDOR, FAHRRAD UND KI UNS KLÜGER MACHEN

[von Dirk] Der Andenkondor ist ein majestätisches Tier. Er wird bis zu 15 Kilogramm schwer und kann eine Spannweite von bis zu drei Metern haben – und eine Geschwindigkeit von bis zu 55 Kilometern in der Stunde erreichen. Damit zählt er zu den schnellsten Lebewesen auf der Erde. Davon erzählt der Apple-Gründer Steve Jobs in einem Interview, das im Zusammenhang mit KI häufig aus dem Archiv geholt wird.

Jobs ist in dem kurzen Ausschnitt zu sehen, wie er davon berichtet, dass er als Jugendlicher einen Artikel gelesen habe, der die Bewegungseffizienz von Lebewesen auf der Erde verglichen habe. »Der Kondor gewann, stand an der Spitze der Liste, übertraf alles andere, und der Mensch stand etwa ein Drittel weiter unten auf der Liste«, erzählt Jobs in dem Gespräch und berichtet dann von der Erfindung des Fahrrads: »Jemand kam auf die Idee, die Geschwindigkeit eines Menschen auf einem Fahrrad zu testen. Der Mensch auf dem Fahrrad verdrängte den Kondor von der Spitze der Liste.«.[50]

Jobs beeindruckte, dass wir Menschen imstande sind, Werkzeuge zu bauen, mithilfe derer wir so ziemlich alle unsere Fähigkeiten verstärken können. Naheliegend ist da natürlich die Zuspitzung auf ein Werkzeug, das er sein Leben lang verbessert hat: den Computer. Er nennt ihn »ein Fahrrad des Geistes, etwas, das uns weit über unsere angeborenen Fähigkeiten hinausbringt.«[51]

Nicht selten wird dieser Jobs-Vergleich in Bezug auf die Möglichkeiten von KI genutzt, um zu behaupten, mit KI sei nun ein Punkt erreicht, an dem es um mehr ginge als um ein Fahrrad des Geistes. Ich bin unsicher, ob diese Behauptung stimmt. Auch weil ich die Metapher äußerst passend finde, um die Möglichkeiten von KI zu beschreiben – und zu gestalten.

Die Haltung, mit der wir die technischen Werkzeuge der KI anwenden, sollte die sein, die Steve Jobs in seiner Metapher beschreibt. Übertragen aufs Fahrrad könnte man sagen: Auch wenn das Rad manchmal von alleine rollt, ist es gut, wenn wir selbst steuern und manchmal auch noch in die Pedale treten. Dabei hilft das Rad, aber es ist kein Auto oder anderes Transportmittel, das uns sehr schnell von einem Punkt zum nächsten bringt. Beim Radfahren ist manchmal der Weg das Ziel, immer steht aber der Prozess der Bewegung im Mittelpunkt.

Hier finde ich die Metapher besonders tauglich: Wer die Werkzeuge der KI wie ein Fahrrad nutzt, verwendet sie in einer Art und Weise, die der KI-Experte Ethan Mollick *Co-Intelligenz* nennt. In seinem gleichnamigen Buch benennt er vier Prinzipien, die für ihn leitend sind, um die Möglichkeiten der KI sinnvoll zu nutzen. Sie lauten:

1. Bitte KI stets mit an den Tisch.
2. Sei der Mensch im Kreislauf.
3. Behandle KI wie einen Menschen (aber sag der KI, welche Art Mensch sie ist).
4. Geh davon aus, dass du gerade die schlechteste Form von KI nutzt.

Ich finde diese vier Ratschläge sehr wertvoll, um metaphorisch das Fahren auf dem neuen Rad KI zu lernen. Sie starten mit der klaren Zuwendung zu KI einerseits und der starken Betonung der eigenen menschlichen Position (und auch Verantwortung) andererseits. Denn sie dienen nicht nur als abstrakte Annäherung an die Idee einer Co-Intelligenz, die uns unterstützt und den Blick weitet. Sie hilft auch zu einer sehr konkreten Haltung, die Ethan Mollick so auf den Punkt bringt:

> *KI-Systeme haben kein Bewusstsein, keine Emotionen, keinen Sinn für sich selbst und keine körperlichen Empfindungen. Aber ich werde so tun, als hätten sie eines, und zwar aus einem einfachen und einem komplexen Grund. Der einfache Grund ist die Erzählung: Es ist schwierig, eine Geschichte über Dinge zu erzählen, und viel einfacher, eine Geschichte über Wesen zu erzählen. Der komplexere Grund: So unvollkommen die Analogie auch ist, die Arbeit mit künstlicher Intelligenz ist am einfachsten, wenn man sie sich wie eine fremde Person vorstellt und nicht wie eine von Menschen gebaute Maschine.*[52]

» Ein guter Plan ist es, mithilfe von KI Fahrradfahren für den Geist zu üben. Mach dich darauf gefasst, dass du – wie beim Lernen des echten Radfahrens – sicher auch mal hinfällst. Dazu hilft vielleicht das sogenannte C.A.R.E.-Framework beim Prompten. Dabei handelt es sich um ein Akronym, das vier Schwerpunkte beim Verfassen eines Prompts bedenkt: Charakter (aus welcher Rolle fragst du?), Accomplishment (welche Erfolge hast du in der Rolle bereits erreicht?), Request (wie lautet die konkrete Anfrage?), Example (nenne beispielhafte Antworten).

TEIL VI

DIE NEUE WELT IST DA

35. MACHINE LEARNING IN DER MEDIZIN: KOMMT MIR OMISCH VOR

[von Franz] Sitzen ein Pathologe und ein Philosoph im Café.

Das ist nicht die Einleitung zu einem Sparwitz, sondern ich lasse mir hier gerade von Dr. Simon Schallenberg zeigen, was KI im Gesundheitsbereich so alles leistet. Schallenberg arbeitet in der Berliner Charité und stellt dort regelmäßig Diagnosen. Zugleich forscht er in einer wissenschaftlichen Arbeitsgruppe an der Verbesserung seines pathologischen Handwerkszeugs, und er ist für das biomedizinische Start-up Aignostics tätig.

Das AI in Aignostics ist kein Zufall. Wenn es um Innovationen in seinem Bereich geht, sagt Schallenberg, sei künstliche Intelligenz zentral. Vor Kurzem sei er auf der Jahrestagung der amerikanischen Krebsforschungsgesellschaft AACR gewesen und dort sei sie das bestimmende Thema gewesen. Im Laufe unseres Gesprächs zeigt er mir eine ganze Menge Abbildungen auf seinem Laptop – Zellstrukturen von Gewebeproben in allen Farben des Regenbogens – und ich beginne zu verstehen, warum KI in diesem Bereich so zentral ist.

Fangen wir von vorne an. Es gibt ja das in Fernsehkrimis geborene Klischee, dass Patholog:innen nur an Leichen arbeiteten. Das ist falsch, denn den größten Teil ihrer Arbeitszeit verbringen sie mit der Diagnose und der Erforschung von Krankheiten lebender Patient:innen. Sie analysieren Gewebeproben oder Körperflüssigkeiten. Patholog:innen werden, um es mal sehr stark herunterzubrechen, dafür bezahlt, dass sie auf einen sehr kleinen Ausschnitt des Körpers schauen und sagen, was man darauf erkennen kann: Ist da eine Krankheit zu sehen, und wenn ja, welche? Das klingt geradezu banal, ist es aber nicht, denn zum einen gibt es unfassbar viele unterschiedliche Diagnosen – Schallenberg sagt, die Pathologie könne mittlerweile zigtausende stellen. Zum anderen hängt vom Urteil einer Patholog:in die weitere Behandlung ab. Ein nicht erkannter Krebs führt zur Nichtbehandlung und die Folgen kann man sich ausmalen.

Die entscheidende Komplikation ist nun, dass Patholog:innen immer mehr solcher Entscheidungen treffen müssen. Das hängt mit der Tatsache zusammen, dass es hierzulande verhältnismäßig wenige von ihnen gibt. Außerdem hat die Forschung Fortschritte gemacht, die Diagnostik wird immer präziser; das ist erst mal ein Grund zur Freude, aber es heißt auch, dass immer diffizilere und komplexere Diagnosen gestellt, immer mehr zelluläre Strukturen analysiert und immer mehr biologische Informationsebenen wie etwa das Genom in die Analysen einbezogen werden müssen. Damit all das bewältigbar wird, müssen die Patholog:innen eine Abkürzung wählen. Und hier kommt die KI ins Spiel.

Schallenberg zeigt auf eine quadratische, zart fliederfarbene Abbildung: ein Gewebeschnitt mit Zellen. Am rechten Rand sieht das Bild anders aus: Die Strukturen sind gröber, die Punkte dunkler. Das, erfahre ich, sind Tumorzellen. Solche Zellen zu identifizieren, ist eine Kernaufgabe von Patholog:innen. Aber man kann das auch Computern beibringen, Schritt für Schritt. Ein erster Schritt ist, die KI überhaupt in die Lage zu versetzen, Zellen zu detektieren. Das ist klassisches Machine-Learning, wie man es auch von den Log-in-Bildchen kennt (»Klicken sie auf alle Bilder mit einem Fußgängerüberweg«), bei dem Algorithmen anhand solcher Aufgaben trainiert werden, Muster zu erkennen und Bilder korrekt zu klassifizieren. Man färbt also die Zellkerne so ein, dass sie sich vom Rest abheben, und zeigt der KI eine ganze Menge Bilder. Wenn man das lange genug macht, ist der Algorithmus irgendwann ziemlich treffsicher darin, Zellen zu lokalisieren. Wir schauen wieder auf die fliederfarbene Abbildung, aber diesmal ist sie übersät von roten Punkten: Fast alle Zellen wurden erkannt, einige wenige hat die KI übersehen.

Gut, das sind Zellen im Allgemeinen. Aber wir wollten ja Krebszellen bestimmen. Und das geht, indem man das Verfahren auf ganze Geweberegionen ausweitet. Auch hier lernt die Maschine vom Pathologen: Schallenberg nimmt seinen Tablet-Stift und zieht damit ein Kästchen. Dann tippt er auf eine Seitenleiste der Anwendung, in der eine lange Liste möglicher Gewebearten zu sehen ist. Er markiert die Stelle als Fettzellen. An einer anderen Stelle hat die KI zu viele Zellen als Krebszellen ausgewiesen; er macht ein paar Striche und korrigiert: Das hier ist Bindegewebe, kein Krebs! Es ist ein beständiges Feinjustieren und mit jedem Schritt lernt das Modell mehr.

Schallenberg ist wichtig, zu betonen, dass es bei alledem nicht einfach nur darum geht, die Arbeit des Pathologen bequemer zu machen. Sondern letztlich um eine Präzision, die für den Behandlungsverlauf entscheidend sein kann und die auch der am besten ausgebildete Mediziner, der an einem hektischen Arbeitstag manchmal nur wenig Zeit für seine Entscheidungen hat, niemals erreichen kann.

Ein Beispiel ist die Quantifizierung von Biomarkern. Sagen wir, eine Patientin bekommt, falls der Pathologe auf einem Bildausschnitt mindestens fünfzig Prozent Krebszellen mit Expression des Biomarkers sieht, eine gegen diesen Biomarker zielgerichtete Therapie, wohingegen bei einem Patienten mit einer

Biomarkerexpression von weniger als 50 Prozent eine weniger zielgerichtete und nebenwirkungsreichere Chemotherapie verabreicht wird. Jetzt könnte es sein, dass der Pathologe sich etwas verschätzt, also vielleicht für 40 Prozent optiert, und dadurch für die falsche Behandlung. Eine gut trainierte KI ist genauer, denn sie zählt nicht nur die Krebszellen, sondern sie kann bei der Karzinom-Quantifizierung weitere Aspekte berücksichtigen, die Menschen nicht zuverlässig ermitteln können, also etwa, wie groß genau diese Zellen sind. In unserem Beispiel könnte es sein, dass die KI bei 60 Prozent Krebszellen landet, und das würde hier einen entscheidenden Unterschied machen.

Besonders wichtig wird das, wenn die Bilder, die es zu analysieren gilt, hochkomplex sind. Der Pathologe präsentiert mir ein kreisrundes, gefärbtes Bild, das Biomarker zeigt, und ich erkenne gleich auf den ersten Blick ... dass ich nichts erkenne. Ein bisschen sieht das aus wie ein Mond, nur mit sehr viel mehr und kleineren Kratern. Bei näherer Betrachtung zeigt sich, dass es hier zwei Farben gibt, Hellblau und Ocker. Die ockerfarbenen Zellen sind sogenannte PD-L1-gefärbte Tumor-assoziierte Immunzellen. Das Problem ist nur: Es sind so unglaublich viele Zellen und Färbemuster auf der Abbildung, dass es extrem schwer ist, mit der Pi-mal-Daumen-Methode auch nur eine grobe Schätzung abzugeben, wie viel hier blau und wie viel ockerfarben ist.

Ich: »Wow, auf dem Bild ist extrem viel los?«

Schallenberg: »Es gibt hier positive Bereiche, mittelpositive, negative. Und jetzt musst du beurteilen, wie viel Prozent davon positiv ist.«

»Das kann kein Mensch, oder?«

»Ja. Eigentlich ist das eine Aufgabe, die sich unmöglich gut lösen lässt. Aber genau so etwas kommt im Pathologenalltag dauernd vor. Mehr als eine Minute hast du hier nicht, um eine Entscheidung zu treffen.«

Die KI hilft hier also nicht nur, schnellere Entscheidungen zu treffen, sondern sie ermöglicht überhaupt erst, dass die Patholog:innen so gut sein können, wie sie es müssen, damit sie die heute verfügbaren diagnostischen Möglichkeiten ausschöpfen können. Und das hat reale Folgen für die Patienten. Schallenberg erzählt, er und sein Forschungspartner hätten gerade ein Paper bei einer großen Fachzeitschrift unter Begutachtung, in dem sie zeigen, dass Krebspatienten, die bisher nach dem Stadien-System (von I bis IV) eingeteilt und entsprechend behandelt werden, möglicherweise durch genauere, komplexere pathologische Verfahren anders behandelt werden könnten. So würde jemand, der zwar formell im harmlosesten Stadium I ist, trotzdem eine Chemotherapie bekommen können, wenn andere Parameter erfüllt werden, die man mithilfe dieser neuen Verfahren abprüfen kann.

Am Ende lerne ich ein neues Wort: »multi-omisch«. Das Ziel bei der Entwicklung von KI-Modellen in seinem Bereich, sagt Schallenberg, sei nämlich ein möglichst multi-omischer Ansatz. Die »Ome«, das sind alle möglichen biologischen Informationsebenen in unserem Körper: das Genom etwa (unser Erbgut), das Proteom (die Gesamtheit aller Proteine) oder das Mikrobiom (alle Mikroorganismen im Körper). Und ich gehe nach Hause mit dem optimistischen Gedanken: Wenn man das alles mithilfe großer Datenmengen und kluger Algorithmen zusammenführt, dann kommt ein neues, besseres Zeitalter der Medizin auf uns zu.

» Machine-Learning ist auch in anderen Bereichen der Medizin erfolgreich, etwa in der Radiologie oder der Dermatologie. Es gibt

auch einige Alltagsanwendungen, die gut funktionieren: Bei kleineren Hautproblemen stellen Hautscreening-Apps mittlerweile eine sinnvolle Ergänzung zum Arztbesuch dar. Informier dich – zum Beispiel bei deiner Krankenkasse.

36. ARGUMENTIEREN LERNEN MIT DER SOKRATISCHEN MASCHINE

[von Franz] Der Schweizer Designer Oliver Reichenstein hat in einer KI-Sonderausgabe von Dirks Newsletter *Digitale Notizen* plausibel ausgeführt, dass die künstliche Intelligenz uns das Denken nicht werde abnehmen können. »Der Einsatz von KI wird erst dann etwas entschärft, wenn wir Maschinen nutzen, um unser Denken durch sie zu stärken. Wenn wir, statt das Denken durch statistische Sprachmusterberechnung zu ersetzen, die neuen Technologien nutzen, um unser Denken zu überprüfen.«[53]

Als ich diese Zeilen las, fiel mir eine alte Idee ein: Während des Philosophiestudiums hatte ich mir mal eine Maschine ausgedacht, wobei das Ganze nicht wirklich als Maschine im wörtlichen Sinne gemeint war, sondern eher als Gedankenspiel. Ich nannte sie die »Sokratische Maschine«, denn sie war eine Vorrichtung, die – genau wie einst der Philosoph Sokrates, der auf dem Marktplatz Athens mit kritischen Nachfragen das Weltbild selbstgewisser Passanten ins Wanken brachte – den Finger in die Wunde der eigenen Argumente legen sollte. Und das nicht aus Masochismus, sondern weil ich die Idee der »intellektuellen Redlichkeit« kennen- und lieben gelernt hatte.

Meine Philosophieprofessorin, deren Insistieren auf genaues Denken mich beeindruckt hatte, sprach immer wieder davon. Für sie war diese intellektuelle Redlichkeit das Kriterium, das darüber entschied, ob sie jemanden als Philosoph:in ernst nahm oder nicht. Redliches Denken funktioniert demnach so, die Argumente der Gegenseite so stark wie möglich machen, um sich daran nach Kräften abzuarbeiten – und um sich am Ende vielleicht einzugestehen, dass der andere recht hatte. Unredliches Denken hingegen basiert darauf, die Argumente der Gegenseite links liegen lassen oder lediglich in entstellend verkürzter Form wiederzugeben, um in der Debatte überlegen zu wirken. In Sokrates' Zeiten haben sich die Sophisten – Rhetorik-Lehrer, denen es mehr ums Überzeugen als um die Wahrheitsfindung ging – gerne solcher Strohmann-Argumente bedient, und es muss wohl kaum dazugesagt werden, dass es das in der öffentlichen Debatte zwischen Talkshows, Leitartikeln und Social-Media-Shitstorms auch heute noch gibt.

Eine Sokratische Maschine nun wäre gewissermaßen ein Heimtrainer für Wahrheitsfindung – ein Gegenentwurf zum Sophismus unserer Tage. Und weil es sich dabei eben um eine Maschine handelt und nicht um einen Menschen, können wir davon ausgehen, dass man mit ihr auch über weltanschauliche Fragen diskutieren kann, ohne dass es gleich hitzig, unsachlich, gar kränkend wird. Man könnte damit nicht nur seine eigenen Gedanken schärfen, sondern auch zwischen unterschiedlichen Perspektiven hin und her hüpfen und auch solche ausprobieren, die man eigentlich nicht vertritt. Das große Ziel: aufzuhören, sich an eine bestimmte Weltanschauung zu klammern, Ambivalenzen zu akzeptieren, Löcher in Argumentationsketten zu finden – kurz: ein intellektuell redlicher Mensch zu werden. Als ich mir das alles überlegt hatte, war das, wie gesagt, ein Gedankenspiel.

Jetzt aber war es eine reale Möglichkeit geworden.

Ich öffne den Browser und erstelle einen neuen »Custom GPT« – eine Art maßgeschneiderte Version von ChatGPT. Die Konfiguration ist einfach, die Beschreibung »Ich würde gerne einen deutschsprachigen GPT bauen, der dazu dient, meine Argumente und Meinungen dadurch zu schärfen, dass sie mir zu meiner Ansicht den besten Einwand liefert« reicht aus. Bevor ich mir überlegen kann, womit ich die Maschine testen will, bietet mir der GPT vier Gesprächseinstiege an: Warum ist Zensur manchmal gerechtfertigt? Sind Steuern eine Form von Diebstahl? Ist künstliche Intelligenz eine Bedrohung für die Menschheit? Können Tiere moralische Rechte haben?

Ich fühle mich zurückversetzt ins Ethik-Hauptseminar. Wunderbar. Ich entscheide mich für das Meinungsfreiheitsthema und spiele die Rolle eines absoluten Zensurgegners (der ich nicht bin, aber ein großer Vorteil dieses Chatbots ist ja, dass ich mir hier unterschiedliche Hüte aufsetzen kann). Ich tippe den in seiner Pauschalität etwas naiven Gedanken:

Zensur ist meiner Meinung nach niemals gerechtfertigt, denn jeder sollte sich frei äußern können. Jede Form von Zensur unterdrückt den Austausch von Ideen, der wichtig ist, damit sich unsere Gesellschaft weiterentwickeln kann.

Der GPT antwortet:

Ein interessanter Standpunkt. Allerdings könnte man argumentieren, dass gewisse Formen der Zensur notwendig sind, um Schaden zu verhindern und um die öffentliche Sicherheit zu gewährleisten. Beispielsweise kann die Zensur von Hassrede, die zu Gewalt aufruft oder bestimmte Gruppen diskriminiert, dazu beitragen, den sozialen Frieden zu bewahren. Glaubst du nicht, dass es Situationen geben könnte, in denen das Recht auf freie Meinungsäußerung eingeschränkt werden sollte, um größeren Schaden zu verhindern?

Hmm, wie würde man am besten kontern? Vielleicht so:

Das Problem an deinem Argument ist, dass du vernachlässigst, dass unter der von dir genannten Prämisse Herrschende dazu verleitet werden könnten, das Konzept der »Hassrede« so auszulegen, dass damit vor allem politische Gegner mundtot gemacht werden. Was hältst du von dem Argument?

Ich beende meinen Einwand mit gewählter Zugewandtheit, immerhin war der GPT auch nett zu mir. Er bestätigt mir daraufhin, meine Sorge sei berechtigt, zumal Regierungen die Definition von »Hassrede« in der Geschichte erweitert hätten, um Oppositionelle zu unterdrücken. Allerdings sei dem mit klaren Gesetzen und einer unabhängigen Justiz beizukommen, sodass Zensur sich auf die wirklich gesellschaftsschädlichen Probleme beschränken könne.

Ich würde sagen, der Punkt geht an ihn. Jetzt habe ich aber Lust, eine Meinung zu vertreten, von der ich wirklich persönlich überzeugt bin. Ich bin Anhänger der Philosophie des Utilitarismus – warum, das ist eine lange Geschichte, deren Quintessenz ist, dass ich mich nach vielen Streitgesprächen über das Thema ganz gut gewappnet fühlte für ein gesittetes Wortgefecht. Ich bitte meine Sokratische Maschine also, diese Position hier zu hinterfragen:

Wir sollten immer nach denjenigen Prinzipien handeln, die sicherstellen, dass das Glück – im Sinne angenehmer Gefühle, die in zu solchen Gefühlen fähigen Wesen entstehen – maximiert wird. Diese Form der Glücksmaximierung ist die ultimative und einzig sinnvolle Grundlage moralischen Handelns. Und das gilt auch dann, wenn die tatsächlichen moralischen Traditionen in unterschiedlichen Weltgegenden und Milieus von diesem Prinzip abweichen. Anders gesagt: Würde man Moral auf dem Reißbrett konstruieren, könnte man dies nur nach den Maßstäben des Utilitarismus tun.

GPT antwortet, meinem Ansatz – der das Glück oder Wohlergehen der größtmöglichen Anzahl als oberstes moralisches Ziel betrachtet – könnten drei Einwände entgegengehalten werden. Erstens das Problem der Verteilungsgerechtigkeit: Wenn egal ist, wer das Glück empfindet, kann es sein, dass Minderheiten dem Glück der vielen geopfert würden. Zweitens die Frage, ob man die Komplexität menschlicher Empfindungen einfach auf die eine Größe »Glück« herunterbrechen könne. Und drittens die Herausforderung, dass wir die glücksfördernden oder glückshemmenden Folgen unserer Handlungen nicht immer voraussehen können.

Meiner Meinung nach sind das tatsächlich die drei wichtigsten Einwände. Sie sind gut, aber, glaube ich, widerlegbar. Dazu müsste man aber ausholen, und das mache ich ein andermal. Jetzt erst mal: Danke für das Gespräch, Sokrates.

» Nutze ChatGPT und Co. als Trainingspartner, um deine Argumentationsfähigkeit zu verbessern, indem du dir einen Custom GPT baust. Schlüpfe dadurch auch mal in die Rolle des Gegenübers und versuche, die andere Seite möglichst stark zu machen. So schärfst du dein Denken und wirst Schritt für Schritt zur intellektuell redlichen Diskutant:in.

37. »MACHT DIE TECHNIK NICHT ZUM SÜNDENBOCK«

[von Dirk] Matthias Spielkamp will mit der Menschenrechtsorganisation AlgorithmWatch für eine andere Debatte über KI sorgen – und für einen anständigen Umgang mit den neuen Möglichkeiten. Ein Interview.

Wir wollen in diesem Buch auch verstehen, wie KI uns hilft, besser zu dem zu finden, was uns als Menschen ausmacht. Du führst eine Menschenrechtsorganisation, die sich mit KI und deren Folgen beschäftigt. Siehst du da Parallelen?

Ja, auf jeden Fall. Denn uns geht es darum, den Austausch über KI als gesellschaftlich-politische Debatte zu führen. Wir wollen die Frage stellen: »Wie werden wir als Gesellschaft fähig, mit KI und deren Folgen umzugehen?«, statt immer der Frage nachzugehen: »Wo kann KI uns helfen?« Das ist in Ordnung, wenn jemand KI-Produkte entwickelt oder sagt, ich kann diese Medikamente mithilfe von KI besser entwickeln. Das ist schön, aber diese Erzählung davon, dass KI die Welt retten, den Hunger besiegen, für bessere Demokratie sorgen oder alle Nachhaltigkeitsziele erreichen wird, diese Erzählung lehnen wir ab. Weil das ein falsches Framing im Umgang mit der Technologie ist. Statt KI zum Allheilmittel oder zum existenziellen Risiko zu machen, wollen wir lieber darüber reden, wie wir gesellschaftlich-politisch mit der neuen Technologie umgehen sollten.

Bevor wir im Einzelnen darauf eingehen, was konkret zu tun ist, möchte ich dich fragen: Woher kommt die Attraktivität dieser Erzählung der Zaubertechnik einerseits und der existenziellen Bedrohung andererseits?

Das ist eigentlich eine Frage an die Medienforschung. Aber als Journalist, der ich ja auch bin, würde ich sagen: Die Erzählung eines gesellschaftlich-politischen Umgangs mit KI macht viel mehr Arbeit als die Erzählung vom Hype oder vom absoluten Untergang. Und natürlich spielen hier auch die großen Unternehmen eine Rolle, die nicht nur über sehr viele Mittel im Lobbying verfügen, sondern auch in der Presse- und Öffentlichkeitsarbeit. Die wissen, wie man Aufmerksamkeit produziert.

Würdest du den offenen Brief, den einige KI-Unternehmer[54] im Frühjahr 2023 veröffentlichten und ein Moratorium in der Entwicklung forderten, auch zu dieser PR-Arbeit zählen?

Ich kann mir immer noch keinen endgültigen Reim darauf machen. Das wird vielleicht auch nie möglich sein, weil dieser Brief so eine komische Mischung war. Einerseits waren da anerkannte Wissenschaftlerinnen und Wissenschaftler dabei, die ernsthaft sagen: »Ja, da ist ein verschwindend geringes Risiko zwar, dass jetzt diese KI anfängt, die Weltherrschaft anzustreben. Aber der mögliche Schaden ist so groß – Stichwort ›low probability, extremely high risk‹ – dass wir uns darum kümmern müssen.« Getrieben wurde der Brief aber von den Interessen von Leuten wie Elon Musk und anderen, die zum einen Aufmerksamkeit wollten, zum anderen aber auch davon ablenken wollten, dass man eigentlich was Sinnvolles tun kann. Aber die Forderung nach einem Moratorium war natürlich ein totaler Unsinn. Was hätte das denn bewirken sollen? Die Unternehmen haben ja auch selbst gar nicht mitgemacht. Insofern muss man denen ganz klar unterstellen, dass das ein PR-Stunt war. Aber ich würde sagen, unter den vielen Unterzeichnern waren durchaus auch wohlmeinende.

Jetzt hast du gesagt, dass sie davon abgelenkt haben, Sinnvolles zu tun. Was wäre denn sinnvoll im Umgang mit KI?

Der Begriff, der dann immer aufkommt, ist Regulierung. Das trifft es unserer Einschätzung [als Menschenrechtsorganisation] nach aber nicht ganz. Wir verwenden deshalb lieber die Idee von Governance. Denn wenn man Regulierung hört, denken eigentlich alle an Gesetze. Und das ist verpönt, hat ein schlechtes Image, wenn es um Wirtschaftswachstum und Innovation geht. Das ist der Grund, warum wir lieber von Governance im Sinne einer umfassenderen Regelung sprechen – die reicht von harten Gesetzen und deren Umsetzung einerseits bis zu Selbstverpflichtung und einer anderen öffentlichen Debatte andererseits. Dazu gehören dann zum Beispiel auch Medien, die daran mitwirken, und alle Bildungsinstitutionen – Schulen, Universitäten und so weiter.

Es geht bei Governance also auch um Höflichkeitsformen oder eine Art digitalen Anstand im Umgang mit den neuen Technologien?

Den Begriff haben wir so noch nicht verwendet, aber es ist eine ganz gute Beschreibung für das, was wir vorhaben. Wobei ich mich ein wenig an dem Zusatz »digital« störe. Denn es gibt ja auch keine digitalen Menschenrechte. Es gibt Menschenrechte oder Bürgerrechte: Wenn jemand gemobbt wird bei Facebook, dann wird diese Person gemobbt – sie wird nicht digital gemobbt, sie wird gemobbt. Und wenn jemand überwacht wird im Internet, dann wird die Person überwacht, auch wenn da jetzt kein Schlapphut vor der Tür steht. Das ist schon extrem wichtig. Es geht deshalb auch nicht um digitalen Anstand, sondern um Anstand. Das ist wichtig, um die Technologie nicht zu mystifizieren. Wir versuchen, dieses Geheimnisvolle rauszunehmen und zu zeigen, dass man Technologie für verschiedene Dinge nutzen kann. Das heißt aber nicht, dass Technologie an sich neutral sei. Nehmen wir mal die generativen Modelle wie ChatGPT. Die sind ja nicht per se neutral. Um die nutzen zu können, werden wahnsinnig viele Ressourcen verbraucht, da arbeiten Leute unter sehr schlechten Bedingungen in der Content-Moderation, da kann man nicht von einer neutralen Technologie sprechen.

Was ist denn eine gute Form des digitalen Anstands? Aus dieser Hype-vs.-Untergang-Erzählung ist bei manchen Leuten die Idee erwachsen, Technologie gar nicht zu benutzen. Was hältst du davon?

Ich finde schon, dass man die Dinge ausprobieren muss, um darüber sprechen zu können. Wir müssen aber einen Ausgleich finden zwischen der persönlichen Verantwortung des Individuums und den gesellschaftlichen Verabredungen, denn man kann nicht die ganze Verantwortung auf Einzelne abwälzen. Hier nehme ich das Beispiel generative KI, also Angebote wie ChatGPT: Vieles von dem, was die Leute damit machen, sind Dinge, die sie auch in der Suchmaschine machen könnten. Und sie nehmen jetzt halt ChatGPT, aber der Ressourcenverbrauch ist viel, viel höher. Das heißt, es ist eine komplette Verschwendung, generative KI dafür zu nutzen. Ich würde alle ermutigen, mit generativer KI rumzuspielen, um ein Gefühl dafür zu bekommen, was sie kann und was nicht. Aber im Grunde genommen müsste man sagen: »Leute benutzt es wirklich nur, wenn ihr sicher seid, dass ihr damit was machen könnt, was sinnvoll ist und was ihr mit anderen Tools nicht machen könnt.«

Das ist ein super Beispiel für das, was man Anstand nennen könnte: Man fährt ja auch nicht mit dem Panzer Brötchen holen, oder man fliegt nicht mit dem Flugzeug, um Brötchen zu holen.

Das ist ein guter Vergleich. Denn die Leute fahren zwar nicht mit dem Panzer, aber mit dem SUV zum Bioladen. Und die Verkaufszahlen von SUV sind gigantisch geworden. Das zeigt aber eben auch, dass der Appell an Vernunft und Anstand allein nicht reicht. Und das ist bei der Nutzung von KI genauso.

Man braucht also auch Regulierung oder Gesetze. Aber sind die bei einem so internationalen Thema überhaupt wirksam?

Die Wirksamkeit einer rein deutschen Gesetzgebung bei diesen ganz großen Themen wie zum Beispiel dem Ressourcenverbrauch von KI ist begrenzt. Aber in Brüssel wird ja auch deutsche Politik gemacht, soll heißen: Deutschland hat enorm großen Einfluss auf die europäische Gesetzgebung. Beim Thema Nachhaltigkeit und KI liegen die Probleme aber noch woanders: Wir haben ein großes Projekt gemacht zu der Frage, wie viel Energie für KI aufgewendet wird. Das Problem: Die meisten Unternehmen publizieren nicht genau, wie viel Energie sie fürs Training ihrer Modelle brauchen. Das muss man immer alles sozusagen hintenrum errechnen. Und das ist extrem schwierig. Deshalb haben wir uns dafür eingesetzt, dass es Berichtspflichten zum Energieverbrauch von KI gibt. Denn wenn wir nicht wissen, wie viel verbraucht wird, können wir ja auch gar nicht entscheiden, wie es anders sein sollte.[55]

KI braucht sehr viel Energie. Aber sie könnte auch helfen, z. B. CO_2 einzusparen.

Ja, es könnte sein, dass der Effekt von KI-Anwendungen ist, dass an einer anderen Stelle ganz viel Energie eingespart wird, weil man irgendwas effizienter macht. Aber bis wir da sind, müssen wir einen Weg finden, die Kosten, die die Unternehmen externalisieren, also quasi der Gesellschaft übertragen, wieder zu internalisieren, sodass die Unternehmen sie bezahlen müssen und sie damit auch in den Preisen der Produkte und Dienste enthalten sind. Sie müssen sie selbst mittragen – zum Beispiel über CO_2-Zertifikate. Im Moment bezahlt der globale Süden den Preis für die Produkte des Nordens. Da geht es aber nicht nur um Energie, es geht auch um Arbeitsverhältnisse: Wie kann es denn sein, dass Leute in Kenia – zu aus unserer Perspektive minimalen Löhnen – wirklich furchtbare Arbeit machen müssen, aber nicht gut betreut werden und keine weitere Unterstützung bekommen?

Worum geht es dabei?

Um die sogenannte Content-Moderation und das Finetuning von generativer KI: Es werden in Social-Media unglaubliche Dinge veröffentlicht, die von Menschen gesichtet werden müssen: Gewalt in aller Form. Köpfung, Verstümmelung, sexueller Missbrauch und so weiter. Und da gibt es dann Moderations-Teams, also Menschen, die da sitzen und sich diese Inhalte angucken müssen und filtern. Und das ist grauenvoll. Bei den generativen KI-Modellen ist es so, dass die eben auch sehr krasse Inhalte ausspucken können, weil vorher nicht klar ist, was die tun werden oder was sie nicht tun werden. Und dann gibt es diese Methoden, durch die dafür gesorgt wird, dass bestimmte Inhalte nicht ausgegeben werden. Das sind dann zwar KI-Bilder, aber eben auch sehr detailgetreu, realistisch. Und das ist natürlich verstörend; ob das ein echtes Foto ist oder ein generiertes Bild, das spielt kaum eine Rolle. Und dieses Filtern wird genauso wieder in den Niedriglohnländern gemacht. Oft da, wo die Leute gut Englisch können. Da sitzen Leute Tag für Tag acht Stunden lang und filtern, damit wir im Westen ein sauberes und anständiges Ergebnis haben.

Wenn du die Forderungen von AlgorithmWatch auf drei bis fünf Punkte bringen müsstest, welche wären das?

Wenn ich mir etwas wünschen könnte, dann hätte ich gerne, dass die wirklich großen gesellschaftlichen Probleme auch als solche wahrgenommen werden und nicht als Technik-Hype. Es gibt diesen Technik-Solutionismus, der davon ausgeht, dass man quasi jedes soziale Problem mit einer Technik lösen kann. Das ist Quatsch. Gerechtigkeit, Verteilungsfragen, Hunger, Klimawandel – bei alldem brauchen wir gesellschaftlich-politische Lösungen. Nehmen wir mal das Thema Bildung. Wenn wir es nicht schaffen, den Leuten eine gute Bildung mitzugeben, die sie befähigt, zu mündigen Menschen in dieser Gesellschaft zu werden mit einer Urteilsfähigkeit, dann werden wir Themen wie Desinformation nicht in den Griff kriegen. Dass wir bei Desinformation immer auf die Technologie schauen, ist ein Sündenbock-Phänomen. Der ausschlaggebende Grund für den Erfolg der AfD oder auch des BSW ist doch nicht Facebook oder TikTok. Das trägt dazu bei, und natürlich muss man da auch technisch gegen Desinformation vorgehen, aber der tiefere Grund ist doch, dass wir es mit gesellschaftlichen Verwerfungen zu tun haben. In Deutschland gehen aktuell sechs Prozent aller Schülerinnen und Schüler ohne Abschluss von der Schule. 20 Prozent gelten als funktionale Analphabetinnen und Analphabeten, das heißt, die kommen aus der Schule mit einem Abschluss, können aber nicht gut lesen, schreiben, rechnen. Und das in einem der reichsten Länder der Welt. Das ist eine komplette Katastrophe. Das ist ein Politik-Versagen größten Ausmaßes.

Und hat erst mal mit der Technologie nichts zu tun.

Aber natürlich müssen wir die Technologie trotzdem politisch gestalten. Wir setzen uns schon dafür ein, dass sogenannte Impact-Assessments, Folgenabschätzungen, gemacht werden. Ich sehe schon, die dürfen auch nicht zu kompliziert sein, weil dann am Ende keiner mehr irgendwas nutzen kann. Aber wenn in der öffentlichen Behörde ein KI-System Daten analysiert, um zum Beispiel am Ende eine Entscheidungsvorlage zu liefern, wer Kindergeld bekommt und wer nicht, dann muss das sehr hohen Standards entsprechen.

Was ist zum Abschluss deine Forderung an die Politik?

Wir haben nicht diese eine klare Forderung, was passieren soll. Die Idee der Governance ist aufwendig und muss aus verschiedensten Richtungen bearbeitet werden. Aber das, was ich plakativ auf den Punkt bringen kann, ist: Macht die Technik nicht zum Sündenbock! Viele in der gesellschaftlichen Debatte verweisen auf die Technik, um von ihrem eigenen Versagen abzulenken. Dafür ist KI gut geeignet. Und ich finde, wir sollten verhindern, dass sie dafür genutzt wird. Stattdessen sollten die größeren gesellschaftlichen Probleme adressiert werden. Sonst werden wir als Gesellschaft nicht in der Lage sein, gut mit KI umzugehen.

» Solutionism, der in Technik die Lösung für gesellschaftliche Veränderungen sieht und nicht in politischer Gestaltung der Entwicklungen, kann verführerisch wirken. Wir sollten uns bewusst machen, dass diese Perspektive kein vollständiges Bild der derzeitigen Entwicklungen bietet. Beispielsweise auf EU-Ebene die Entwicklung sogenannter Praxisleitfäden zur KI-Regulierung zu verfolgen, kann hier helfen, einen Überblick zu gewinnen. Eine gute Informationsquelle ist *netzpolitik.org*.[56]

38. LOB DES ÜBERBLICKSWISSENS

[von Franz] 2024 stellte Apple zusammen mit der neusten Version seines mobilen Betriebssystems iOS 18 eine integrierte Zusammenfassungsfunktion vor. So kann man auf einen Blick eine echte Vorschau auf lange E-Mails bekommen (und nicht mehr nur das, was bisher »Vorschau« hieß und einem lediglich die ersten paar Zeilen der E-Mail zeigte, die meistens nicht viel sagen). Oder man kann sich, bevor man sich in einen langen Artikel stürzt, ein Inhaltsverzeichnis erzeugen lassen und so besser entscheiden, ob sich das Lesen überhaupt lohnt.

Für beruflich Schreibende ist das eine ganz schöne Zumutung. Da macht man sich die Mühe, seine Reportage mit langwierig recherchierten Belegen zu unterfüttern, mit einprägsamen Protagonist:innen und minutiösen Schilderungen zu veranschaulichen und am Ende den perfekten dramatischen Bogen zwischen Einstiegs- und Schlussabsatz zu errichten, so wie man es mühsam gelernt hat, und dann ... wird alles durch eine KI wieder auf das bloße argumentative Gerüst und ein paar Fakten to go reduziert. Wo bleibt da die Einzigartigkeit, der Charakter, das Storytelling, der »Sound« der Geschichte?

Man könnte dem entgegenhalten, dass genau darin ein Hauptproblem der Journalist:innenausbildung dieses Landes liegt. Ihr wichtigstes Ideal ist nämlich nach wie vor die Reportage, also eine Stilform, die in einer Zeit entstanden ist, als visuelle Medien Mangelware waren und man durch die Schrift Bilder im Kopf entstehen lassen musste. Jeder Text, kommt mir vor, muss dieser Lesart zufolge verfilmbar sein. Diese althergebrachte Denkschule tut nach wie vor so, als hätten Leser unendlich viel Zeit und warteten nur darauf, jede der 300 Zeitungszeilen, die aus der Edelfeder tropfte, in Ehrfurcht und Bewunderung aufzusaugen.

Nun gibt es diese Genussleser:innen mit Sinn für raffinierte journalistische Handwerkskunst nach wie vor, aber es gibt eben auch – und wahrscheinlich in weit größerer Zahl – Menschen mit hohem Informationsbedarf und wenig Zeit. Ich arbeite seit vielen Jahren in der Redaktion der Buchzusammenfassungs-App Blinkist. Seit meinem ersten Tag habe ich begeisterte und entgeisterte Reaktionen auf unseren Ansatz wahrgenommen, Sachbücher in 15 Minuten zu packen. Menschen mit wenig Zeit mögen das Angebot, weil es ihnen ermöglicht, einen ersten Eindruck von einem Buch zu bekommen, ohne Tage oder Wochen mit ihm zu verbringen, und so Schritt für Schritt Überblickswissen zu erlangen und zu entscheiden, was sie vertiefen wollen. Manche Genussleser:innen argumentieren hingegen, dass derartige Zusammenfassungen der Sachbuchliteratur den Spaß nehmen.

Ich schalte, wenn ich so etwas höre, gerne in den Verteidigungsmodus. Das liegt zum einen daran, dass ich weiß, wie viel Herzblut in unsere Kurztexte fließt, aber auch, weil ich persönlich zur ersten Gruppe gehöre: Der Wissens-Mehrwert, den ich bekomme, wenn ich mir die Inhalte von zehn Sachbüchern in kurzer Zeit einverleiben kann, wiegt für mich meistens die durch das Nicht-im-Detail-Lesen entgangene Freude auf. Aber auch mir ist klar, dass nichts das Gefühl ersetzen kann, mit Zeit, einem Glas Wein und einem physischen Buch, das gelebt hat und riecht und sich anfühlt, wie sich nur ein Buch anfühlt, den Abend zu bestreiten. Der springende Punkt ist: Zusammenfassungen werden das Buchlesen nicht ersetzen, können es aber sinnvoll ergänzen.

Das ist eine wichtige Debatte, auch jenseits des Literaturbetriebs. Denn KI-basierte Kurzfassungen wie jene, die Apple in sein mobiles Betriebssystem integriert hat, werden zum Bestandteil von immer mehr Anwendungen werden. So, wie wir heute *Strg + F* auf der Tastatur drücken, um etwas zu suchen, werden wir vielleicht irgendwann eine Tastenkombination fürs Zusammenfassen haben.

Als hauptberuflicher Zusammenfasser erlaube ich mir indes die Warnung: Zusammenfassung ist nicht gleich Zusammenfassung! Und eigentlich ist die oben erwähnte Dichotomie von formvollendet geschriebenen Genusstexten einerseits und hart reduktionistischen Abstracts andererseits noch zu unterkomplex. Denn in Wahrheit ist das alles weitaus vielschichtiger: Es gibt nicht nur *den* Genussleser in der Badewanne oder *die* Managerin mit Zeitdruck, sondern alles Mögliche dazwischen. Deshalb würde ich mich freuen, wenn die Zusammenfassungsfunktionen, die uns bald überallhin begleiten werden, differenziert gestaltet wären.

Für den Journalismus könnte das in der Konsequenz bedeuten: Es wird weiterhin Reporter:innen geben, die mühsam Fakten sammeln, interessante Geschichten aufstöbern, detaillierte Analysen anstellen. Aber vielleicht wird ihre Aufgabe nicht mehr sein, das alles in ein einzelnes dramaturgisches Korsett zu packen. Fürs Schreiben – oder, technisch formuliert: fürs Ausspielen des Endproduktes – ist dann die KI zuständig. Sie wird basierend auf dem Input, den Menschen der Wirklichkeit abgerungen haben, unterschiedliche Versionen ausgeben, je nach Nutzerbedürfnis und Zielmedium: Tweet-kurze Happen, Tausende Wörter lange Dossiers, packende Geschichten, provokante Thesensammlungen, Pro-Kontra-Listen, nüchterne Einseiter. Und natürlich Zusammenfassungen in kurz, medium, lang.

In meiner Redaktion sagen wir gerne, unsere Spezialität sei »bite-sized content«, also Kurzinhalte, die sich gut verdauen lassen. Ich glaube, es ist jetzt die Zeit angebrochen, in der Inhalte-Anbieter »right-sized content« anbieten müssen, nämlich in exakt jenem Detail-Grad und in jener Anmutung, die ideal für den Nutzer ist. Zugleich haben die Nutzer selbst dank generativer KI die Möglichkeit, sich das, was sie konsumieren wollen, selbst zusammenzustellen.

» Lies an einem Tag einen richtig langen Artikel, am nächsten fünf ausführliche Artikelzusammenfassungen und am übernächsten eine richtig dichte Meta-Zusammenfassung aus fünfzig Texten, die gar nicht mehr auf die Details der einzelnen Texte eingeht, sondern eher übergreifende Muster herausarbeitet. Was passt am besten zu dir?

39. YOU IN, YOU OUT!

[von Dirk] *Nicht fragen, nur sammeln.* (Victor Klemperer)

Was haben die Tagebücher des Literaturwissenschaftlers und Politikers Victor Klemperer und das Microsoft-Projekt »Recall«[57] gemeinsam? Sie helfen mir, zu verstehen, wie KI unsere Gesellschaft und auch meinen Beruf verändern wird. Sie eröffnen mir beide eine Perspektive auf die Dinge, die ich besser verstehen und verändern sollte. Und sie helfen mir, digitales Lesen zu lernen.

Deutschlandfunk hat im Sommer 2024 die viel beachteten Tagebücher Klemperers als sehr hörenswerten Podcast aufbereitet.[58] Sein akribisches Diktum zum Zeitpunkt des Schreibens: »Nur sammeln. Immer sammeln. Eindrücke, Wissen, Lektüre, Gesehenes, Alles. Und nicht fragen wozu und warum. Ob ein Buch daraus wird oder Memoiren oder gar nichts«, heißt es in Klemperers Tagebüchern.

»Nur sammeln« heißt für Microsoft, einen KI-Rechner auf den Markt zu bringen, der ständig Screenshots davon macht, was Nutzer:innen an ihm tun.[59] »Eindrücke, Wissen, Lektüre, Gesehenes, Alles.« Alles, was hilft, ein fotografisches Gedächtnis zu befüllen, denn genau das verbirgt sich hinter dem Projektnamen Recall. Microsoft möchte also einen Umgang mit Computern, der das Getane immer wieder erneut abrufen kann, wie wir Menschen das mit (fotografischen) Erinnerungen können, ermöglichen.[60]

Das wirft letzten Endes durchaus die Frage auf: Warum sind Microsoft und Klemperer so am Sammeln interessiert? Wie kann es sein, dass ein Tech-Gigant und ein Groß-Intellektueller so vergleichbare Begeisterung fürs Sammeln zeigen?

Die Antwort lässt sich mit der Informatiker-Phrase »GIGO« erfassen. Das Akronym steht für »Garbage in, garbage out« und beschreibt das Prinzip, dass die Ausgangsdaten mit hoher Wahrscheinlichkeit den Wert der Ausgabedaten beeinflussen. Allgemeiner formuliert: Eine Maschine kann nur auf Basis dessen Ergebnisse liefern, was ihr zur Verfügung steht.

Damit uns der KI-Spiegel mehr zeigen kann als den Durchschnitt, den er aus allen verfügbaren Internet-Daten hochgerechnet hat, muss eine Person vor ihn treten, die dort auch sichtbar wird. Und genau deswegen ist es für Microsoft und ihr Recall-Projekt so spannend, spezifisch persönliche Daten zu erfassen. In Abwandlung des GIGO-Akronyms könnten wir auch von einem YIYO-Prinzip sprechen: »You in, you out«. Wenn ich will, dass die KI auf Daten zugreift, die ganz individuell auf mich zugeschnitten sind und mir helfen, muss ich ihr Zugang zu meinen Daten geben – bzw. ich muss diese Daten erst mal selber haben. Was mich zurück zu Klemperer führt: Wo sind denn eigentlich all meine digitalen Notizen? Völlig unabhängig von Technologieanbietern oder Buchregalen – wo finde ich »Eindrücke, Wissen, Lektüre, Gesehenes, Alles«?

Wer die KI nutzen will, um seine eigenen Muster zu erkennen, der sollte am besten Eindrücke, Wissen, Lektüre, Gesehenes, alles sammeln. Denn nur, wenn ich all das gesammelt habe, kann eine KI daraus lernen, kann es für mich nach Mustern durchsuchen, die ich nicht kenne oder bisher nur unscharf sehe.

Google versucht, genau das mit dem Angebot NotebookLM zu realisieren – ein Ort, an dem alles gebündelt wird, was ich an Eindrücken, Wissen, Lektüren und Gesehenem sammeln will.

Dieses digitale Notizbuch geht nicht ganz so weit wie Microsoft Recall, aber es ist schon erstaunlich umfassend.

Was ich mir von der Grundidee des Sammelns erhoffe: einen neuen, scharfen Blick. So wie eine Brille dem Kurzsichtigen hilft, Dinge in der Ferne scharf zu sehen, so will ich durch KI einen neuen Blick auf Eindrücke, Wissen, Lektüre, Gesehenes erhalten. Ich will Dinge erkennen können, die ich bisher nur erahne. Weil die KI Muster und Zusammenhänge erkennt, die ich bisher nicht sehen konnte. Weil sie etwas scharf stellt, was mir unscharf blieb.

Wenn das gelingen könnte, dann wäre der Effekt auf mein Schreiben und Denken vermutlich noch bedeutsamer, als wenn die KI nur Wortreihenfolgen raten würde. Dass die Maschine bestimmte Sätze formulieren kann, ist bemerkenswert, aber richtig hilfreich wäre es, wenn sie mir helfen könnte, Muster zu erkennen und mein Denken zu strukturieren. Sie würde zu einem Werkzeug, das mir vor allem neue Ziele und Zusammenhänge aufzeigt, die ich vorher nicht gesehen habe.

» Wer digital schreiben will, muss digital lesen lernen. Du solltest einen Weg suchen, deine Notizen digital zu speichern. Bedenke aber: Du musst wissen, wer deine Notizen besitzt.

TEIL VII

MENSCH BLEIBT MENSCH

40. WAS IST EIGENTLICH MENSCHLICH?

[von Dirk] Auf unterschiedlichen Fotos Ampeln zu erkennen und zu markieren oder merkwürdige Zahlenkombinationen einzugeben, ist offenbar der beste Weg, sich als Mensch zu erkennen zu geben. Jedenfalls greifen sogenannte Captchas auf Webseiten auf diese Methoden zurück, um zu belegen, dass wirklich ein Mensch eine Webseite aufrufen will – und nicht eine Maschine.

Mehrere Aspekte an der Nutzung dieser Captchas sind erstaunlich: Erstens wissen vermutlich die wenigsten, dass der Name ein Akronym ist aus den englischen Begriffen »**C**ompletely **A**utomated **P**ublic **T**uring test to tell **C**omputers and **H**umans **A**part«, was sich mit »vollständig automatisierter öffentlicher Turing-Test zur Unterscheidung von Computern und Menschen« übersetzen lässt. Ebenfalls wenig Aufmerksamkeit bekommt die Tatsache, dass sich im Web so viele Maschinen bewegen, dass dort regelmäßig und nachhaltig gefiltert werden muss, wer denn nun zugreift: echte Nutzer:innen oder die Webcrawler genannten Maschinen?

Am bemerkenswertesten an der Captcha-Antwort auf die Frage, was eigentlich menschlich ist, finde ich allerdings die Banalität der jeweils geforderten Antworten. Während wir dieses Buch verfassen, reicht die »Intelligenz« von Maschinen also offenbar flächendeckend noch nicht aus, um auf dem Foto einer Straßenkreuzung die Felder zu markieren, auf denen eine Ampel zu sehen ist. Und auch der Übertrag einer etwas kruden Buchstaben- und Zahlenkombination ist für eine Maschine offenbar nicht möglich. Mehr noch: Sie ist so bedeutsam, dass die

Lösung dieser Aufgaben als eindeutig »menschlich« zu werten ist.

Das ist eine erstaunliche, aber auch nicht befriedigende Antwort auf die Frage: Was ist eigentlich menschlich?

Wir glauben, dass die Entwicklung von KI uns vor sehr viele technische Herausforderungen stellt, aber vor allem vor diese kulturelle: Wir müssen uns auf unsere Menschlichkeit besinnen – und diese stärken. Dafür ist es unabdingbar, zunächst mal die Frage zu beantworten, was uns als Menschen eigentlich ausmacht – und die Captcha-Antwort kann dabei nur ein erster Schritt sein.

Erschwerend kommt hinzu, dass der zweite Schritt direkt in die Gegenteilige Richtung führt: Denn wenn immer mehr Text mithilfe von KI erstellt wird, wird die Frage, was eigentlich menschlich sei, vermutlich genau umgekehrt von der Fähigkeit beantwortet, technischen Text von menschlichem Text zu unterscheiden. Also jenen Inhalt zu erkennen, der wirklich von einem Menschen erstellt wurde (es gibt sehr gute Anleitungen, um maschinellen Text zu erkennen)[61]. Die Aufgabe wäre dann also eine Art umgedrehter Captcha-Test, an dessen Ende wir echte menschliche Stimmen von denen unterscheiden können, die technisch verändert oder gar erstellt wurden.

Neben der Herausforderung für unsere Medienkompetenz erwächst hier auch eine Aufgabe in der Kommunikation zwischen Menschen: Wie erkenne ich, ob mein Gegenüber diese Inhalte selbst erdacht hat oder von einer Maschine hat produzieren lassen?

Am Inhalt selbst werden wir es immer schwerer unterscheiden können. Deshalb wird das Kontextwissen an Bedeutung gewinnen. Nicht mehr was gesagt wird, spielt eine Rolle, sondern vor allem wann, von wem, wo und in welchem Kontext. Die Aspekte der menschlichen Intelligenz, die über Logik und Sprache hinausgehen, werden dabei wichtiger werden – um mithilfe von emotionaler und ästhetischer Intelligenz zu erkennen, was hinter dem steckt, was da gerade gesagt oder gepostet wurde.

Am Ende werden aber auch alle Tricks und Werkzeuge keine Sicherheit schaffen. Weil menschliche Kommunikation schon vor KI nicht sicher war, niemals sicher sein konnte. Auch ohne KI konnten Menschen einander anlügen oder falsche Fährten legen. Das ist durch die neue Technologie schneller und leichter möglich, aber grundsätzlich neu ist es nicht.

Es bleiben – wie schon vor KI – nur zwei Möglichkeiten, um sich zu orientieren: die Frage »Meinst du das auch so?« in der persönlichen Kommunikation (in öffentlicher Kommunikation vermutlich am ehesten mit »Stimmt das denn?« zu übersetzen) und die Regel, die als kategorischer Imperativ bekannt ist: »Wer nicht von KI getäuscht werden will, sollte andere nicht mit KI täuschen.«

» Menschlich zu sein, heißt auch, Future-Skills zu lernen. Beispielhaft kannst du dir die zwölf Fähigkeiten vornehmen, die Kreativ-Firma IDEO gesammelt hat.[62] (1) Lerne emotionales Korrekturlesen – prüfe, bevor du eine Nachricht abschickst, welche Gefühle du damit erzeugen könntest. (2) Lerne, Freude zu verbreiten – achte darauf, deinem Umfeld positiv gegenüberzutreten. (3) Lerne, andere Perspektiven einzunehmen – setze das Geschehen in einen anderen Rahmen. (4) Baue Gemeinschaften auf – hilf anderen, Selbstbewusstsein, Kreativität und Vertrauen aufzubauen. (5) Mache kleine Experimente – probiere Neues aus, aber in überschaubarem Rahmen. (6) Verankere deine Entscheidungen in einem tieferen Zweck – erkläre, warum du etwas tust, mit Blick auf das Unternehmensziel. (7) Führe empathisch – versuche, Empathie für dein Umfeld zu entwickeln. (8) Schaffe Raum für mehr Stimmen – fördere Diversität in deinem Umfeld. (9) Finde eine Balance – suche den Ausgleich. (10) Bleibe agil – schaffe Möglichkeit zur Veränderung. (11) Schaffe bedeutsame Zusammenarbeit – gerade in hybriden Arbeitssituationen ist gemeinsame Zielsetzung/ Bedeutung wichtig. (12) Führe fragend – zum richtigen Zeitpunkt die richtigen Fragen zu stellen, ist wichtig.

41. ÜBERNIMM VERANTWORTUNG

[von Dirk] Als im März 2017 im Deutschen Bundestag der Gesetzentwurf zu »Regelungen zum Fahren von Autos mit hoch- und vollautomatisierter Fahrfunktion« diskutiert wurde, formulierte der zuständige Minister Alexander Dobrindt das Ziel der Drucksache 18/11300 so: »Wir schaffen eine rechtliche Gleichstellung zwischen dem menschlichen Fahrer und dem Computer als Fahrer.« Im Kern geht es dabei um die Frage: Wer übernimmt beim automatisierten Fahren von Autos die Verantwortung? Der Mensch, der am Lenkrad sitzt, oder die KI, die die Entscheidungen trifft, wenn der Mensch nicht steuert? CSU-Minister Dobrindt sagte damals im Bundestag: »Wenn der automatisierte Modus das Fahrzeug steuert, liegt die Haftung beim Hersteller.«[63]

Denn eins kann die KI, anders als der Mensch, nicht: Verantwortung übernehmen. Jedenfalls nicht nach den rechtlichen oder ethischen Standards, nach denen wir Verantwortung definieren – und dabei auch Konsequenzen für das eigene Handeln und dessen Folgen einbeziehen.

Genau hier liegt ein Aspekt im Umgang (und im Vergleich) mit KI, der uns menschlich macht: Verantwortung für das eigene Handeln zu übernehmen. In Bezug auf die Benutzung von KI-Instrumenten bezieht sich dies auch auf die sachgemäße Anwendung und auf die Kenntnis ihrer Entstehungsbedingungen. Im Interview hat Matthias Spielkamp bereits angedeutet, dass die Nutzung von KI sehr hohe Rechenleistung und einen damit verbundenen starken Energieverbrauch auslöst. Der Deutschlandfunk meldete im Herbst 2024 zum Beispiel: »Eine Anfrage an die KI-Anwendung Chat-GPT benötigt schätzungsweise zehnmal so viel Energie wie eine Google-Suche.«[64] Ein verantwortungsvoller Umgang mit KI heißt deshalb auch: sie nur dort einzusetzen, wo sie notwendig ist. So muss nicht jede Frage an ein Sprachmodell gestellt werden, häufig hilft auch eine Websuche. Auch muss nicht jedes Bild neu generiert werden, manchmal kann man auch auf bestehende Bilder zurückgreifen.

Vor allem aber bedeutet verantwortungsvoller Umgang mit KI: deren Entstehungsbedingungen zu kennen. Julia Kloiber, KI-Expertin und Co-Founderin des feministischen Superrr-Lab formuliert es so:

> *»An der Erstellung des bekannten Trainingsdatensets ImageNet arbeiteten zum Beispiel über 49 000 Menschen. Sie haben 14 Millionen Bilder von Hand kategorisiert und annotiert und dafür gesorgt, dass gewalttätige und illegale Inhalte aus den Trainingsdaten verschwinden. Diese Arbeit passiert nicht in den schicken Offices der Tech-Unternehmen, sondern ist outgesourct. An Menschen in Ländern, in denen Löhne niedrig und Arbeitsrechte nicht existent sind. Ohne die Arbeit der Data-Worker und Content-Moderatorinnen würden KI-Systeme nicht existieren.«*[65]

Die Dienste sind deshalb nicht vollumfänglich abzulehnen – es lohnt sich aber, daran zu denken: Sie sind nicht so strahlend, wie die Firmen es uns erzählen wollen.

» Verantwortung übernehmen heißt auch: Setze KI dort ein, wo es sinnvoll ist – und sei dir bewusst, welche Aufwände betrieben werden, um KI-Ergebnisse zu produzieren.

42. BOTSHIT UND WIE DU IHN VERMEIDEST

[von Franz] Man kann Chatbots dafür nutzen, um tiefer in ein Thema einzusteigen. Dabei haben wir alle schon mal diesen Moment der Ernüchterung erlebt. Ich weiß noch genau, wie er bei mir aussah: Es war im Frühjahr 2023, und ich hatte ChatGPT um ein detailliertes Dossier zu einer Sachfrage gebeten, bei der ich mich nicht auskannte, und jetzt sah ich zu, wie eine wohlformulierte Zeile nach der anderen ausgespuckt wurde, und wurde immer euphorischer. Und dann ... ging's ins Fact-Checking. Meine Euphorie verwandelte sich in Entsetzen. Das war alles erfunden!

Ich glaube, aus dieser Erfahrung lässt sich einiges lernen. *Nicht* lernen lässt sich daraus wohlgemerkt, dass Chatbots völlig nutzlos sind, wenn es um das Einsammeln von Wissen geht. Durchaus lernen lässt sich, dass es wichtig ist, zu verstehen, wie sie funktionieren.

Erstens: Bei Chatbots ist die stilistische Qualität von der inhaltlichen Qualität komplett entkoppelt. Daran musste ich mich erst mal gewöhnen. Ich habe mein ganzes Berufsleben lang Texte redigiert. Ob es sich um Studierenden-Aufsätze im Philosophie-Tutorium, um journalistische Reportagen oder um Buchzusammenfassungen handelte, eine Faustregel schien universell zu gelten: Gut formulierte, präzise geschriebene Texte sind meistens auch inhaltlich relativ überzeugend; unter den nicht so gut formulierten finden sich inhaltlich gute und schlechte; aber praktisch nie bekommt man einen Text vor die Nase, der fantastisch klar geschrieben ist, aber inhaltlich nur aus Nonsens besteht.

Aber bei ChatGPT ist das anders – wie ein Text formuliert ist und was drinsteht, sind zwei Paar Stiefel, die unterschiedlicher nicht sein könnten. Deshalb gilt: ChatGPT ist ein passables Formulierwerkzeug, aber nur mit Einschränkungen ein gut nutzbares Recherchewerkzeug.

Und damit kommen wir zur zweiten Erkenntnis: Auch wenn ein Chatbot auf den ersten Blick wirken mag wie ein Universalgelehrter, der alles Weltwissen inhaliert hat, hat seine Fähigkeit, Informationen akkurat wiederzugeben, Grenzen. Ja, es beruht auf einer großen Menge Trainingsdaten, ergänzt um weitere Quellen wie vom Nutzer bereitgestellte Dokumente oder eine aktuelle Websuche. Aber sein Wissen umfasst ganz bestimmt nicht alles, was es zu wissen gibt. Zum Beispiel kann man nicht einfach beliebig viele Zitate und genaue Details aus Sachbüchern wie jenem, das du gerade liest, abfragen – dagegen sprechen allein schon Urheberrechtsgründe.

Das Halluzinationsproblem ist vielschichtig, aber manchmal sind die Gründe für solche Halluzinationen auch sehr banal: Die Quellenlage ist dürftig. Ein kleines, wenig weltbewegendes Beispiel, das aber die Problematik zeigt: Wenn man ChatGPT nach Hintergründen zu meinem Familiennamen Himpsl fragt, erzählt er einem etwas von einem Ludwig Himpsl, der im Lancaster County im amerikanischen Bundesstaat Pennsylvania lebte (wahr) und der ursprünglich aus Danzig gestammt habe (falsch). Wenn man ein wenig recherchiert, findet man den Grund für die falsche Zuschreibung: Auf der einzigen Webseite, die sich zu seiner Person finden lässt, ist von einer Herkunft aus »Danzig or Germany« die Rede, und das scheint von ChatGPT als »wahrscheinlich kommt er aus Danzig« interpretiert worden zu sein. In Wirklichkeit stammt er aus Germany, nämlich aus Niederbayern.

Naiv und ohne Sorgfalt eingesetzt, kann die Fehleranfälligkeit der KI schwerwiegende Folgen haben. Viel diskutiert wurde der Fall zweier US-Anwälte, die 2023 in einem Schadenersatz-Gerichtsverfahren Informationen aus einem Chatbot verwendeten, ohne diese gründlich zu prüfen. So landeten vermeintliche Präzendenzfälle und Zitate anderer Richter, die bloße Fiktion waren, in einem offiziellen Schriftsatz.[66]

Auch im medizinischen Kontext kam es in den USA beim KI-Einsatz zu Schwierigkeiten. In vielen Krankenhäusern wird dort nämlich das von OpenAI entwickelte Transkriptionstool Whisper verwendet. Selbst bei Tonaufzeichnungen mit hoher Qualität sei es, berichtet das Wirtschaftsmagazin *Fortune*, zu erfundenen Passagen gekommen – mitunter auch solchen, die alles andere als harmlos waren: rassistische Kommentare, Gewaltaufrufe oder imaginäre medizinische Behandlungen.[67]

Das, was an Text aus Large Language Models herauskommt, ist oft darauf getrimmt, überzeugend zu klingen. Und auch wenn sich das vielleicht bei der Nutzung anders anfühlt: Sie sind technische Vorrichtungen, die die im gegebenen Kontext wahrscheinlichste Antwort vorhersagen. »Wahrheit« als Kriterium kommt da gar nicht vor.

»ChatGPT lügt!« würde die *Bild* jetzt vielleicht titeln, aber das geht am Wesen des Problems vorbei. Das, was hier passiert, ist eher *bullshitting*. Klingt derb, gilt aber seit der Veröffentlichung des Essays *On Bullshit* des US-Philosophen Harry Frankfurt als eine Art Fachbegriff.[68] Der Unterschied zwischen der Lüge und dem Bullshit ist, dass ein Mensch, der lügt, die Wahrheit kennt und sich zu ihr in ein bestimmtes, nämlich negierendes Verhältnis setzt: Er sagt bewusst etwas, von dem er weiß, dass es gar nicht stimmt. Wer hingegen bullshittet, der erzählt einfach irgendwas. Das kann auch mal stimmen, muss es aber nicht. Manchmal nutzt er auch Floskeln, die groß klingen, aber entweder nichts oder nur etwas sehr Banales meinen – man denke an die Führungskräfte, die predigen, man müsse »Synergien nutzen«, »proaktiv Lösungen finden« oder »out-of-the-box denken«. Bestimmt kennst auch du solche Leute, die einen mit leeren Worten volltexten, um andere zu überzeugen (man spricht hier von *persuasive bullshit*) oder sich in ein besseres Licht zu rücken (*evasive bullshit*).[69]

Chatbots sind Bullshit-anfällig, weil sie kein Verhältnis zur Wahrheit haben. Aber weil sie eben keine Menschen sind, steckt hinter vom Bot Erfundenem – man spricht hier von »Halluzination« – keine Intention, keine Haltung. Sie wollen dich nicht von etwas überzeugen, um besser dazustehen. Der Grund für Botshit ist vielmehr die technische Beschaffenheit der Bots: Sie sind eben darauf getrimmt, die wahrscheinlichste Antwort auszuspucken, und dabei kann es zu Unsinn kommen.

Wenn nun ein Mensch unhinterfragt vom Chatbot Erfundenes weiterverbreitet, dann spricht man von *Botshit*. Die Wirtschaftsforscher Tim Hannigan, Ian P. McCarthy und André Spicer haben den Begriff in ihrem Aufsatz *Beware of Botshit* geprägt.[70] Sie weisen darauf hin, dass Chatbots manchmal Behauptungen machen, die nicht zutreffen, obwohl die korrekte Antwort eigentlich in ihren Trainingsdaten hinterlegt sind. Man spricht hier von *intrinsischem Botshit* (»Wer ist aktuell das deutsche Staatsoberhaupt? Joachim Gauck«). Ebenso kommt es vor, dass Behauptungen gemacht werden, über die der Bot überhaupt keine Informationen in den Trainingsdaten hat, zum Beispiel weil sich die zugrunde liegende Frage auf die Zukunft bezieht: »Wie wird sich die Strategie von VW in den kommenden Jahren verändern?« Wenn du auf eine solche Frage eine im Brustton der Überzeugung formulierte, ausführliche Antwort bekommst, dann ist klar: Hier hat der Bot fabuliert.

Wie du dich gegen all das wappnest und trotz des Halluzinationsproblems Chatbots als Recherchewerkzeuge einsetzen kannst, davon handelt das nächste Kapitel.

» Bedenke stets, dass Large Language Models darauf ausgerichtet sind, *immer* überzeugend zu klingen. Manchmal auch ohne Rücksicht auf die Wahrheit. Das nächste Mal, wenn du sie – etwa in Form einer Suchmaschine wie *Perplexity.ai* – *zur* Recherche nutzt, denke daran, dem Bot Rückfragen zu stellen: »Woher hast du deine Informationen?« »Bist du wirklich sicher?« Du kannst auch ein zweites KI-Tool nutzen, um die Aussagen des ersten zu prüfen.

43. NO BOT IS PERFECT

[von Franz] Du hast im letzten Kapitel gelesen, dass Chatbots eine eingebaute Neigung zum Bullshitten haben. Wie wappnet man sich nun dagegen?

Es gibt darauf systemische Antworten: Die Entwickler:innen der Bots arbeiten daran, dass diese weniger anfällig für Halluzinationen werden – durch bessere Trainingsdaten, bessere Modelle, aber auch durch das Einarbeiten von Nutzerfeedback und Selbstkontrollmechanismen.

Aber es gibt auch vieles, das wir selbst als Einzelpersonen tun können, die Chatbots nutzen. Nicht jede Strategie führt immer zum Ziel, aber zumindest gibt es eine Liste von Dingen, die man probieren kann. Dazu zählt: Bitte den Chatbot darum, die Quellen von Behauptungen zu nennen, und überprüfe diese. Fordere den Chatbot dazu auf, zuzugeben, wenn er etwas nicht weiß. Darüber hinaus kannst du die Vertrauenswürdigkeit von Aussagen einschätzen lassen: Zum Beispiel kannst du den Bot darum bitten, sie auf einer Skala von 1 bis 10 zu bewerten – von 1 (nicht vertrauenswürdig) bis 10 (sehr vertrauenswürdig). ChatGPT hat in meinem Test die Aussage »Der Mond ist aus Käse« mit 1, »Im Vakuum gibt es keine Luft« mit 10 und »Schönheit entsteht durch angenehme Proportionen« mit 7 bewertet. Das ist natürlich keine perfekte Wahrheitsermittlungsstrategie. Aber wenn es darum geht, Aussagen zu detektieren, die der Chatbot selbst für zweifelhaft hält, sie aber deshalb dir gegenüber vertritt, weil er eine gefällige Antwort liefern will, dann ist diese Vorgehensweise eine gute ergänzende Maßnahme.

Überhaupt ist das mit den gefälligen Antworten ein wichtiger Punkt. Wenn du in deine Frage fiktive Charaktere, offensichtliche Falschbehauptungen, widerlegte Fakten oder spekulative Szenarien einbaust, dann öffnet das einer halluzinierten Unterhaltung Tür und Tor. Pointiert gesagt: Wenn du willst, dass der Bot dir wie ein sachlicher Experte antwortet, sprich mit ihm wie ein sachlicher Fragesteller. Wer Quatsch sät, wird Halluzinationen ernten, denn der Bot spielt das Spiel mit der verdrehten Wirklichkeit allzu gerne mit.

Deshalb ist die wichtigste Strategie auch die allgemeinste: Sei neugierig und verspielt; durch Probieren lernst du wie von selbst, zu verstehen, wie Chatbots in unterschiedlichen Kontexten agieren. Wer ein Gefühl für Botshit bekommt, kann damit auch besser umgehen – jedenfalls besser als jemand, der alles für bare Münze nimmt, was in der Output-Zeile steht.

Du könntest aus Lerngründen sogar den Spieß umdrehen und schauen, wie gut du ChatGPT zum Botshitten bekommen kannst. Ich habe das mal gemacht. Im Studium habe ich gerne das Gesellschaftsspiel »Nobody is Perfect« gespielt, bei dem man möglichst überzeugend klingende, aber an den Haaren herbeigezogene Erklärungen erfinden muss. Also: Zoom-Call mit meinem alten Freund Alex. Er, der mittlerweile Neurowissenschaftler in Oxford ist, war damals echt gut bei *Nobody Is Perfect*. Ich lasse ihn gegen die KI antreten und setze ihm eine Reihe falscher und richtiger Antworten vor – allesamt von ChatGPT erfunden. Mein Prompt:

Du bist ein Spiele-Erfinder. Dein Ziel ist es, Fragen zu Fakten zu erfinden, sowie vier Antwortmöglichkeiten, von denen nur eine wahr ist. Wichtig ist, dass die anderen drei möglichst glaubwürdig klingen, auch wenn sie frei erfunden sind.

Warum wurden Pommes frites ursprünglich in Belgien erfunden? Was war das erste Produkt, das mit einem Barcode gescannt wurde? Warum feiern die Menschen in Spanien das Tomatina-Festival, bei dem sie sich mit Tomaten bewerfen?

Nach einer Stunde ist Alex erstaunt, was die KI alles kann. Er hat sich ganz gut geschlagen, auch wenn ihn der Bot ein paarmal aufs Glatteis geführt hat. Es bleibt die Erkenntnis, dass man sich echt nicht wünscht, dass Chatbots mit ihrer Bullshit-Kompetenz wie Maschinengewehre der Desinformation auf die sozialen Medien gefeuert werden. Und zugleich die erfreulichere Erkenntnis, dass man auch mit einem Chatbot eine gute Zeit mit abendfüllender Unterhaltung verbringen kann.

Du willst auch mitspielen? Drei der folgenden Fakten stimmen wirklich, drei hat sich ChatGPT auf meine Bitte hin ausgedacht:

1. Die Firma Carglass heißt in England Autoglass.
2. In der Arktis gibt es Eisvulkane, die anstelle von Lava gefrorenes Methan und Wasser ausstoßen, was das lokale Klima beeinflusst.
3. Der älteste bekannte Goldfisch hieß »Tish« und lebte 43 Jahre lang.
4. Cornflakes wurden von Dr. John Harvey Kellogg erfunden, um die Masturbation zu verhindern, da er glaubte, dass eine einfache, fade Ernährung die Libido unterdrücken würde.
5. Der erste Präsident der USA, George Washington, hatte eine Vorliebe für Operngesang und gab gelegentlich private Aufführungen für seine engsten Berater im Weißen Haus.
6. In den 1920er-Jahren behauptete ein Uhrmacher in der Schweiz, er habe eine Uhr entwickelt, die die Zeit rückwärts-

drehen könne, was zu einem kurzen Modetrend von rückwärtsgehenden Uhren führte.

Und – was ist erfunden, was ist wahr?[71]

» Dass du dich mit Techniken vertraut machen solltest, die dir helfen, Botshit zu entlarven, hast du schon im letzten Kapitel gelesen. In diesem Denkanstoß stellen wir die Logik auf den Kopf und raten dir: Wenn du dir mal eine Geschichte ausdenken willst – zum Beispiel weil du ein fiktives Beispiel für einen Vortrag suchst oder weil du einen Roman schreiben willst –, ist der Chatbot unter Umständen ein guter Sparringspartner: Er ist gar nicht mal so schlecht darin, Storys zu erfinden.

44. … UND MANCHMAL SCHREIBT MAN LIEBER SELBST

[von Franz] Wie alt ich wirklich bin, merke ich, wenn ich mir vor Augen halte, dass meine Millennial-Freunde und ich manchmal immer noch das tun, was auf heutige Jugendliche wohl so antiquiert wirken mag wie auf uns damals Faxe: Wir schreiben lange E-Mails. Ja, liebe Kinder, man kann das tatsächlich zur Kommunikation unter Freunden nutzen – die E-Mail ist nicht nur für Lieferstatus-Updates, Newsletter und unendlich viel Spam da.

Diejenigen in meinem Bekanntenkreis, die in diesem Sinne heute noch persönliche Mails schreiben, statt Messenger-Dienste zu nutzen, tun das vor allem aus zwei Gründen: Sie glauben daran, dass man sich für Freundschaften – besonders für solche, die über große geografische Entfernungen hinweg funktionieren sollen – auch mal Zeit nehmen muss, und sie schätzen wohlüberlegte Formulierungen. Die Form der Mails richtet sich dabei nach Gepflogenheiten, die schon galten, als Franz Kafka die Füllfeder übers Papier schwang: Anrede, Rückbezug auf den letzten Brief des anderen, Schilderung der eigenen Erlebnisse und Gedanken, Grußformel.

Nun kam mir neulich zu Ohren, dass sich in jener Neigungsgruppe der Kommunikationstraditionalisten Folgendes abgespielt hatte: Ein Mensch, nennen wir ihn Yoko, erhielt von einem anderen befreundeten Menschen, nennen wir ihn Ono, eine E-Mail, die wohlformuliert und herzlich war. Ono bekundete Mitgefühl für die schwierige Situation, durch die Yoko gerade ging, und wünschte Yoko viel Kraft für die nächste Zeit. Yoko war gerührt, denn Yoko hatte von Ono schon lange keine so nette E-Mail mehr erhalten.

Doch es kam anders. Die Mail, schob Ono in einer zweiten Nachricht hinterher, sei von ChatGPT verfasst worden: Ono selber gehe es gerade richtig mies, und das mache es unmöglich, den Normen herzlich-ausführlicher Kommunikation Genüge zu leisten. Deshalb habe Ono den Chatbot darum gebeten, an seiner statt eine E-Mail zu formulieren.

Yoko, so wurde es mir kolportiert, sei zu je einem Drittel verärgert, belustigt und verwirrt gewesen.

Da steckt viel drin; man könnte daraus, wenn man ehrlich ist, eine ganze akademische Konferenz machen. Ein interdisziplinäres Graduiertenkolleg würde dann in einem beschaulichen Kloster im Voralpenland eine Woche lang über die ethischen (erhöht oder senkt die nachgeschobene zweite Mail den moralischen Wert der Handlung?), psychologischen (welche Rückschlüsse auf die Persönlichkeitseigenschaften von Ono lassen sich gewinnen?), linguistischen (ist das Prompten hier ein Sprechakt?) und literaturwissenschaftlichen (ist Ono im selben Sinne der Urheber der ersten wie der zweiten Mail?) Aspekte des Geschehenen beraten, und heraus kämen bestimmt ein paar nette Doktorarbeiten.

Mich jedenfalls hat das Ganze ziemlich beschäftigt, auch weil ich mich für dieses Buch immer wieder gefragt habe, welche KI-Anwendungen das Leben wirklich besser machen – und an welchen Stellen sie eher etwas, das gut ist, wie es ist, gefährden.

Darauf gibt es natürlich keine abschließende Antwort; durch die Einführung neuer Technologien wandert auch die Messlatte des Akzeptablen. Für den Vielbriefeschreiber Franz Kafka wäre die Vorstellung wahrscheinlich ein Graus gewesen, dass Menschen in der Zukunft ihre Briefe in Tastaturen hämmern. Und auch die Tatsache, dass so wenig junge Leute, die mit Messengern aufgewachsen sind, Wert auf Rechtschreibung und Interpunktion legen, kann Angehörigen meiner Generation dezentes Unbehagen bereiten. Aber dann sage ich mir wieder, dass letzten Endes alles akzeptabel ist, solange bei dem Kommunikationsvorgang die Erwartungen auf beiden Seiten übereinstimmen und keine dieser Vorstellungen enttäuscht oder hintertrieben wird.

Wenn in einer E-Mail-Brieffreundschaft Authentizität wichtig ist und das ehrliche Bemühen darum, selber eine gute Formulierung zu finden, dann sollte man das mit dem großflächigen Einsatz von ChatGPT und Konsorten lieber lassen. Allgemein ist die große Frage: Was ist der zentrale Wert in der Beziehung? Manchmal, wie im genannten Fall, ist es Authentizität. Manchmal geht es aber auch einfach darum, dass sich eine andere Person darüber freut, dass man sich überhaupt meldet, und es viel weniger auf die künstlerisch redlichen Produktionsbedingungen ankommt.

Ein hypothetisches Beispiel: Was, wenn ich es wahnsinnig anstrengend finde, Präsentationen vorzubereiten? Mit ChatGPT lässt sich diese Anstrengung reduzieren: Ich nehme meine Rohnotizen, lasse mir ein Skript ausgeben, das meine Gedanken aufgreift, eine Struktur vorschlägt und hier und da um eine Pointe oder einen weiterführenden Gedanken ergänzt. Und dann stecke ich meine Energie in die eigentliche Präsentation und versuche, das möglichst mitreißend vorzutragen, was die Maschine und ich uns zusammen erarbeitet haben. Ist die Tatsache, dass die Maschine mitgemacht hat, nun Betrug am Publikum? Ich würde sagen, nein. Denn die Kernwerte, um die es in dem Vortrag geht, sind einerseits inhaltliche Korrektheit – und für die kann ich auch sorgen, wenn ChatGPT dabei ist, solange ich das

Skript noch einmal mit wachen Augen durchlese und prüfe. Und andererseits ein lebendiger Vortrag – und dafür bin ich sowieso ganz allein zuständig.

»» Wann und in welchem Umfang der Einsatz generativer KI in der Kommunikation einen Platz hat, hängt davon ab, welche Werte dir im zwischenmenschlichen Verhältnis besonders wichtig sind. Es lohnt sich, sich darüber Gedanken zu machen – auch ganz unabhängig von der KI-Nutzung.

45. LIFEHACKING FÜR HUMANISTEN

[von Franz] Wir haben bereits festgestellt, dass KI-Anwendungen Werkzeuge sind, nicht mehr, aber auch nicht weniger. Doch anders als bei einer, sagen wir, Heckenschere, die eben zum Heckenschneiden da ist, ist bei den KI-Tools der Bereich sinnvoller Anwendungen ein größerer Möglichkeitsraum: Es kann sein, dass morgen jemand mit einer Idee daherkommt, wie man künstliche Intelligenz anwenden kann, die keiner auf dem Schirm hatte – und plötzlich ändert sich alles. Diese Offenheit, dieses Gefühl, dass wir uns improvisierend in eine unbekannte Zukunft vortasten, diese Suche nach der bestmöglichen Zweckentfremdung hat etwas Aufregendes.

Wir haben viel experimentiert und versucht, herauszufinden, wie man KI auch im persönlichen Alltag einsetzen kann – auch auf Arten und Weisen, an die man vielleicht nicht gleich denkt. Man könnte sie als zufällige Ansammlung von Tipps und Tricks abtun. Doch ich glaube, dass sich hinter diesem Versuch, Dinge konkret und kleinteilig besser zu machen, eine ganze Philosophie verbirgt. Man könnte sie die Philosophie des *humanistischen Lifehackings* nennen. Sie folgt dieser Maxime:

Habe den Mut, dich kreativ aller verfügbarer Werkzeuge zu bedienen, um dein Leben und das deiner Mitmenschen lebenswerter zu machen.

Der Kommunikationswissenschaftler Joseph Reagle beschreibt das der Idee des *life hacking* zugrunde liegende und auf effiziente Organisation ausgerichtete »Hacker-Ethos« als einen »individualistischen und rationalen Ansatz des Systematisierens und Experimentierens«.[72] Für seine Vertreter:innen sei alles ein System aus Modulen, die sich auseinandernehmen und neu zusammensetzen lassen, und das bestimmt wird von algorithmischen Regeln, die man sich zunutze machen kann.

Interessanterweise sieht Reagle Parallelen zwischen der Lifehacking-Mentalität und jahrtausendealten Philosophie-Strömungen, etwa der Stoa. Auch die Stoiker nämlich betonten rationales Denken, fassten ihre Lehre in Prinzipien und setzten auf Experimente, um Regeln zu testen. Ganz zentral war für sie die Idee, dass das Leben ein besseres ist, wenn man jene Dinge akzeptiert, die man nicht ändern kann, dass man aber andererseits jene Dinge, die sich ändern lassen, mit Hirn und Herz angeht.

Und warum ist es wichtig, dass Lifehacking »humanistisch« ist? Weil Optimierung zwar an vielen Ecken und Enden hilft, aber die Gefahr besteht, dass man sie als Selbstzweck sieht, dass es also nur noch ums Schnellerbesserweiter geht und nicht mehr um die eigentliche Lebenserleichterung. Humanistisches Lifehacking verwendet das Hacking-Ethos also als Hilfsmittel, ein Hilfsmittel, das nur insoweit eine Berechtigung hat, wie es ein menschgemäßes Leben erleichtert. Anders gesagt: Die verbohrte Lifehacker:in lebt, um zu optimieren; die humanistische Lifehacker:in optimiert, um zu leben. Und scheut auch nicht davor zurück, Abläufe neu zu denken, bei denen andere Leute vielleicht sagen würden, dass es sich nicht lohne, über sie überhaupt nachzudenken, oder denen dieses Nachdenken zu verkopft erscheint. Wenn mich nervt, dass ich immer darüber nachdenken muss, was ich heute kochen soll, warum dann nicht einfach einen Monatskochplan erstellen? Wenn ich oft nicht schlafen kann, warum dann nicht eine Liste mit allen möglichen Einschlaftechniken erstellen, die ich durcharbeite?

Es gibt einen Gedanken, den ich für absolut glücksfördernd halte: dass es ärgerliche oder anstrengende Dinge im Leben gibt, die sich mit ein bisschen Hirnschmalzeinsatz deutlich lindern lassen. Und das ist keine Banalität. Denn gerade in der deutschen Alltagskultur scheint mir – anders als in der angelsächsischen – oft die Mentalität vorzuherrschen, dass Ungemach duldsam zu ertragen sei.

Lifehacker:innen hingegen sind nicht bereit, das Ungemach einfach so hinzunehmen. Sie wollen verstehen, woher es kommt und ob man da nicht doch noch was drehen kann. Sie sind Meister:innen der kreativen Zweckentfremdung und hinterfragen eingefahrene Muster. Sie konzentrieren sich auf konkrete, kleinschrittige Lösungen, statt Probleme zu etwas Großem, Abstraktem aufzubauschen und dann zu erstarren. »Das ist ein komplexes Thema, darüber muss man erst mal gründlich nachdenken« ist oft richtig, aber genauso oft ein Vorwand, um nicht ins Handeln zu kommen.

Vor einiger Zeit las ich einen Artikel in der *New York Times*, der Paare porträtierte, die mithilfe von Projektmanagement-Tools wie Trello oder Slack ihren Beziehungsalltag regeln.[73] Das klingt erst mal ziemlich verkopft, aber man kann es auch so sehen, dass sich diese Paare durch cleveres Organisieren erst den Raum für jene Nähe schaffen, der andernfalls durch unerledigten Alltagskleinkram die Romantik ersticken würde. Im Kern geht es hier also um nichts Technisches, sondern darum, in einer Welt mit vielen Ablenkungen die Verbindung zueinander zu bewahren. Diese Menschen hacken ihren Beziehungsalltag nicht um des Hackens willen, sondern um sich auf das Wesentliche konzentrieren zu können.

Was hat das mit der KI zu tun? Eine Menge. Denn damit die KI-Werkzeuge, die allenthalben aus dem Boden sprießen, unseren Alltag wirklich verändern können, braucht es nicht nur Rechenleistung oder fortschrittliche Sprachmodelle – sondern auch Anwender:innen, die bereit sind, die Werkzeuge im Alltag kreativ anzuwenden. Das Ziel ist nicht mehr Technik im Alltag, sondern mehr Leichtigkeit im Alltag: Wer weniger Zeit mit planen, schreiben, analysieren, ordnen verbringen muss, hat mehr Zeit für Beziehungen, achtsames Leben, erfüllende Tätigkeiten – das Wahre, Gute und Schöne, wie man das früher mal genannt hat.

» **Erstelle eine Liste mit allen nervigen kleinen Alltagsproblememen, die dich gerade plagen. Und dann frage einen Chatbot, bei welchen von ihnen er dir helfen könnte.**

TEIL VIII

UTOPIEN FÜR KI-REALISTEN

46. DIE BRÜCKE ZWISCHEN DEN ZWEI KULTUREN

[von Franz] Im Jahr 1959 veröffentlichte der Chemiker und Romanautor C. P. Snow unter dem Titel *The Two Cultures and the Scientific Revolution* ein Büchlein, in dem Wissenschaftshistoriker heute ein wichtiges Zeitdokument sehen.[74] Denn es bringt eine Entwicklung auf den Punkt, die seit der Mitte des 20. Jahrhunderts zunehmend die Universitäten geprägt hat: die Spezialisierung der Forschung. Sie hat das Wissenschaftssystem effektiver gemacht, hat aber auch den Nachteil, dass sich die Forschenden unterschiedlicher Disziplinen nicht mehr als zusammengehörige Gruppe verstehen und sich vorrangig für ihr eng umgrenztes Gebiet interessieren. Die Zeiten sind vorbei, in denen ein Denker wie Immanuel Kant sich nicht nur mit Philosophie, sondern auch mit Astronomie und Physik auseinandersetzte oder es Universalgelehrte wie Gottfried Wilhelm Leibniz gab, die substanzielle Beiträge zu Theologie ebenso wie zu Mathematik und Logik lieferten. Wer heute hingegen in der, sagen wir, Biochemie tätig ist, hat mit den Kunstgeschichte-Kolleg:innen aus dem benachbarten Uni-Gebäude im Normalfall nicht die geringsten Überlappungen – ihre Tätigkeiten sind so unterschiedlich wie die Uhrmacherei und das Decken von Dächern.

Die »zwei Kulturen«, von denen C. P. Snow sprach, das ist die naturwissenschaftlich-technische Kultur einerseits und die geisteswissenschaftlich-künstlerische Kultur andererseits. Snow zufolge gibt es Verständnisprobleme zwischen beiden Kulturen, weil sie nicht nur unterschiedliche Fachsprachen und Methoden verwenden, sondern oft auch verschiedene Werte und Zielsetzungen verfolgen. Naturwissenschaftler:innen sind auf Daten, Experimente und Problemlösung fokussiert, während Geisteswissenschaftler:innen Fragen nach Sinn, Ethik und kulturellem Verstehen priorisieren. Snow sieht die Ursache der Spaltung in einem Bildungssystem, das es versäumt, Brücken zwischen den beiden Welten zu bauen.

Wenn sich die beiden Kulturen nun nicht mehr unterhalten können oder wollen, dann ist das ein Problem, das weit über die Unis hinausgeht. Denn für funktionierende Gesellschaften braucht es eine interdisziplinäre Herangehensweise. Ich glaube, dass die Frage, ob wir beides in sinnvoller Weise vereint bekommen, eine Schicksalsfrage ist. Denn unser Alltag wird zunehmend von technologischen Innovationen geprägt sein, aber es ist alles andere als ausgemacht, dass diese Innovationen das menschliche Zusammenleben wirklich beflügeln und uns wirklich bereichern. Apple-Gründer Steve Jobs hat in diesem Zusammenhang einmal den Punkt gemacht, man müsse »Technologie mit den freien Künsten und Geisteswissenschaften vermählen«.[75] Damit ist er der einzige große Tech-Chef, den ich kenne, der jemals öffentlich sein Verständnis für die Relevanz des Zusammenspiels beider Kulturen zum Ausdruck gebracht hat.

Ich frage mich seit Langem, was man tun kann, um diese kulturelle Spaltung zu überwinden. Meine größte Hoffnung ist die KI. Oder, um genauer zu sein, die Menschen, die KI als Übersetzungsvorrichtung nutzen. Menschen, die aus der geisteswissenschaftlichen Richtung kommen und die sich dank generativer KI das erste Mal seit der Schulzeit an Mathematik herantrauen oder die mit Tutor-Anwendungen die Grundlagen von Programmiersprachen wie Python lernen. Aber auch Menschen, die eher aus der naturwissenschaftlichen Betrachtungsweise kommen und die lernen, wie man Essays schreibt oder Musik komponiert, ohne große Zugangshürden. In beiden Fällen könnte Niedrigschwelligkeit das Zauberwort sein: Man kann dem Bot unendlich viele Fragen stellen, kann unendlich oft herumprobieren, ohne Druck. Denn es gibt keine Gatekeeper, die darüber die Nase rümpfen, wenn man eine einfache Formel verdreht, oder die so tun, als sei Schreiben oder Zeichnen oder Musikmachen eine Angelegenheit für geniehaft Begabte. Im besten Fall bekommen wir dadurch eine Generation junger Leute, die die Trennung der zwei Kulturen gar nicht mehr nachvollziehen können, weil sie sich hinreichend sicher in beiden Denkweisen fühlen.

» Du hast in der Schule das Fach EDV gehasst? Du hast nicht die geringste Ahnung von Informatik? Macht nichts! Mit sogenannten »Vibe Coding«-Apps kannst du ein Problem einfach in natürlicher Sprache beschreiben; die KI sorgt dann für funktionsfähigen Code. So wirst du zur Programmierer:in, ohne eine einzige Zeile programmieren zu müssen.

47. WERKZEUG-INTELLIGENZ

[von Dirk] Ein Aspekt, der in Howard Gardners Aufzählung der Aspekte von Intelligenz (siehe Kapitel 25) fehlt, erscheint mir im Zusammenhang mit der Betrachtung von künstlicher Intelligenz als Werkzeug bedeutsam: die intelligente Verwendung ebendieser Werkzeuge. Ich bin mir nicht sicher, ob es dafür einen Begriff benötigt, aber die Überlegung hinter der Idee einer Werkzeug-Intelligenz ist mit Blick auf die Möglichkeiten und Unmöglichkeiten von KI sicher nicht falsch: Sie zu stärken, ist eine der zentralen Herausforderungen der nächsten Jahre.

Gardner selbst hat dazu in seinem Weblog eine klare Richtung vorgegeben. Im September 2023 gab er diesen Ratschlag für Werkzeug-Intelligenz:

> *Jetzt, da Maschinen uns in so vielen Bereichen Konkurrenz machen oder uns sogar übertreffen, habe ich einen ambitionierten, vielleicht sogar radikalen Vorschlag. Die Ausbildung der Vertreter unserer Spezies sollte sich – in zunehmender und sorgfältiger Weise – auf die* menschliche Natur *konzentrieren: was es bedeutet, ein Mensch zu sein, was unsere Stärken und Schwächen sind, was wir (Gutes wie Schlechtes) im Laufe der Jahrhunderte biologischer und kultureller Evolution erreicht haben, welche Möglichkeiten uns unsere Gestalt und unser Status bieten, was wir vermeiden und anstreben sollten, und auf welche Weise und unter welchen Vorzeichen von Erfolg oder Besorgnis.*[76]

Ihm ist aber wichtig, dass damit keine Überhöhung des Homo sapiens einhergeht. Der Mensch, so sein Wunsch, soll sich als Bestandteil des Universums wahrnehmen – und handeln. Als Leitlinie für eine an diesen Grundsätzen orientierte Gestaltung der Werkzeug-Intelligenz empfiehlt Gardner die sogenannte Strategie des Lernens durch Entdecken des amerikanischen Psychologen und Pädagogen Jerome Bruner. Diese basiert auf drei grundlegenden Fragen: Was macht den Menschen menschlich? Wie ist er zum Menschen geworden? Und: Wie kann er menschlicher werden?

Seine darauf aufbauende abschließende Forderung:

> *Wir müssen unsere menschliche Natur verstehen – biologisch, psychologisch, kulturell, historisch und prähistorisch. Nur so können wir den Planeten und uns alle darauf bewahren. Und das ist auch die optimale Art, gemeinsame Projekte von Mensch und Computer ins Leben zu rufen […].*

» Du solltest dir vornehmen, Werkzeug-Intelligenz, also die Fähigkeit, Instrumente intelligent zu nutzen, zu erlernen und zu verfestigen. Der Weg dorthin: Konzentriere dich auf das, was dich menschlich macht!

48. FORSCHUNG: DIE GROSSE SYNTHESE

[von Franz] Wann war der Moment, als dir bewusst wurde, dass KI als Thema nicht so schnell von der Bildfläche verschwinden wird? Bei mir war es ein winterlicher Märztag im Jahr 2023. Ich reiste von Prag aus westwärts, in Richtung meiner alten Heimat Niederbayern. Die Autofahrt dauerte drei Stunden und fühlte sich eindrücklich an. Ein bisschen lag das bestimmt an den verschneiten böhmischen Bergstraßen, aber vor allem an der monumentalen 148-Minuten-Podcast-Folge, die über die Lautsprecher lief: ein Interview des Informatikers Lex Fridman mit dem CEO von OpenAI, Sam Altman, in dem es um die Popularität von ChatGPT ging – aber auch darum, was einmal später kommen könnte, wenn die künstliche Intelligenz viel weiter sein wird.[77]

In dem Interview fragte Fridman seinen Gast, was dieser sich von einer extrem leistungsfähigen künstlichen Intelligenz, die dem Menschen intellektuell mindestens ebenbürtig wäre – einer sogenannten *Artificial General Intelligence* oder AGI –, erhoffe. Darauf antwortete Altman, ihn begeistere am meisten die Vorstellung, diese AGI könne alle verbleibenden Rätsel der Physik lösen.

Fridman reagierte zunächst skeptisch: Wie solle eine noch so mächtige KI das anstellen? Wie zum Beispiel sollte sie im Weltraum fremde Zivilisationen aufspüren? Immerhin, so der Subtext, ist eine KI immer noch eine Art Computerprogramm und keine Entdeckerin.

Altman entgegnete, dass die KI solche Zivilisationen möglicherweise nicht selbst werde aufspüren können. Aber: »Sie könnte uns helfen, sie nachzuweisen: Sie könnte uns Menschen Nachrichten schicken und fragen, ob wir dieses oder jenes Experiment durchführen könnten.« Und vielleicht, sagte Altman, könne eine fortschrittliche Intelligenz auch Zusammenhänge in bestehenden Daten aufspüren, die wir bislang übersehen haben.

Und das ist keine kleine Sache. Sie ist vielleicht sogar die größte Sache, die man sich nur vorstellen kann.

Denn in der Tat ergeben sich, wie der Wissenschaftstheoretiker Thomas S. Kuhn gezeigt hat, bessere Theorien und naturwissenschaftliche Erklärungsansätze nicht einfach von Zauberhand, wenn man mehr Daten erhebt. Es kommt vielmehr darauf an, wie man sie zusammensetzt. Wusstest du, dass Nikolaus Kopernikus (1473–1543) mit Sternenverzeichnissen arbeitete, die in der Antike erstellt wurden? Sein heliozentrisches Weltbild, nach dem sich die Erde um die Sonne dreht, auch wenn es für uns anders scheint, entstand nicht, weil er besonders viele neue Daten erhob, sondern, weil er die bestehenden Daten anders interpretierte.

Das gibt Hoffnung. Denn es deutet darauf hin, dass in den Naturwissenschaften Durchbrüche nicht unbedingt nur dann gelingen, wenn wir die Materialschlacht intensivieren, also zum Beispiel immer gewaltigere Teilchenbeschleuniger oder Teleskope bauen. Sondern auch dann, wenn wir einen Weg finden, die Unmengen an Studienergebnissen, Experimentaldaten und Zahlenreihen, die es bereits gibt, in einer Art und Weise zu synthetisieren, die ganz neue Erkenntnisse und Theorien erzeugt oder wegweisende Fragen aufwirft.

Natürlich ist Sam Altman ein Vertreter einer Organisation mit bestimmten Interessen und eine künstliche allgemeine Intelligenz nur ein theoretisches Konzept, von dem niemand weiß, ob und wie es einst realisiert wird. Ich glaube aber dennoch, dass er einen Punkt hat und dass in der Kombination von KI und wissenschaftlicher Literatur schon heute eine große Chance steckt. Denn dank der Open-Access-Bewegung ist ein zunehmend großer Anteil neuer Publikationen im Volltext frei verfügbar.

Wenn man nun generative KI in die Gleichung einbaut, indem man sie als Suchmaschine zum Durchforsten dieser Menge an Informationen einbezieht, werden die Forschenden schon allein deshalb profitieren, weil sie zu besseren und vielfältigeren Suchergebnissen kommen – und dann im besten Fall bessere Forschung betreiben. Aber auch für Laien ist diese Entwicklung relevant: Sie können sich nämlich von der KI in einfacher Sprache Antworten liefern lassen, die auf vertrauenswürdigen Forschungspublikationen beruhen.

» Probiere mal aus, dich zu einem Sachthema über ein wissenschaftliches KI-Tool wie SciSpace (*typeset.io*) zu informieren, anstatt Google zu benutzen. Oder nutze die »Deep Reseach«-Funktion von ChatGPT, die dir innerhalb weniger Minuten ausführliche Dossiers mit Quellenangaben erstellt.

49. GUTE VORSÄTZE IN VOLLER FAHRT: WEITERFRAGEN!

[von Dirk] Es ist unmöglich, gleichzeitig selbst in einem Zug zu sitzen und ihn gleichzeitig selbst von außen zu betrachten. Wer, im Zug sitzend, nun auf die Idee kommt, diesen Zug von außen beschreiben zu wollen, wird in jedem Fall scheitern. Ihn in voller Fahrt zu greifen und seine Form oder Gestalt in Worte zu fassen, ist aus dieser Perspektive schlicht nicht möglich. Man kann aber vielleicht den Schatten erkennen. Das haben wir mit diesem Buch versucht zu tun: Wir haben über ein Thema geschrieben, dessen Kern und Folgen sich so schnell ändern, dass die Welt von KI vielleicht noch anders aussah, als du bei Kapitel 1 in dieses Buch eingestiegen bist.

Was dich als Mensch ausmacht, bleibt aber gleich: Du kannst Vorsätze fassen, Pläne machen, besser werden. Deshalb soll auch dieses Buch mit einem Ausblick enden. Wir haben gute Vorsätze gesammelt – von Menschen, die sich mit KI auskennen:

Wer in Zukunft mehr über KI wissen und herausfinden will, könnte/sollte …

> **… zunächst seine eigenen Workflows genauer ansehen. Das ist die Grundlage dafür, die richtige Technologie zu finden, die einen am Ende wirklich unterstützt. Klingt wenig sexy, ist aber meistens nachhaltiger. Versprochen!**
>
> Uli Köppen leitet das AI + Automation Lab des Bayerischen Rundfunks und ist im Leitungsteam von BR Data

... sich am besten täglich mit ChatGPT, Bing oder Gemini zum Kaffee verabreden und über dieses und jenes plaudern: Hast du eine Idee, wie ich dieses Problem löse? Kannst du mir helfen, diese Mail zu schreiben? Welche Sachbücher und Sci-Fi-Romane über KI kannst du empfehlen?

Sebastian Horn ist stellvertretender Chefredakteur bei *ZEIT Online* und Director AI beim Zeitverlag

... ein KI-Unternehmen gründen – jetzt ist die beste Zeit dafür! Ok, vielleicht zu extrem ;-) Aber ich glaube, man sollte versuchen, etwas mit KI zu bauen, ein etwas umfangreicheres Projekt, nicht nur einfache Texte oder Bilder generieren. So lernt man am besten. Ich glaube, wir sollten KI eh viel zentraler denken und nicht nur als Zusatz. Und damit Neues denken, Neues bauen.

Carmen Heger ist Head of Data Science bei der *Süddeutschen Zeitung*

... möglichst viel damit herumspielen, denn aus eigener Erfahrung lernt man am besten. Für den Hintergrund gute Podcasts anhören, zum Beispiel *KI verstehen* vom Deutschlandfunk.

Moritz Metz ist Audiojournalist, Redakteur, Podcastproduzent in Berlin. Er ist Co-Host des *KI verstehen*-*Podcast* vom *Deutschlandfunk*

... sich jeden Monat von generativer KI eine lästige Routine abnehmen lassen. Dafür kann man sich passende, gute Prompts zurechtlegen und mit ChatGPT eigene GPTs definieren. Oder noch besser, kleine Workflows mit dem Tool Voiceflow erstellen. Dabei entstehen kleine Helferlein, die dialogisch funktionieren und zum Beispiel einen Projektantrag formulieren, Social Media Posts schreiben, das Team-Stand-up strukturieren oder aus dem Kalender ein persönliches Tagesmonster zeichnen.

Jakob Vicari ist Lead Creative Technologist von tactile.news.

... sich vom deutschen Perfektionismus lossagen, selbst mit KI-Tools experimentieren und die Lust am Unbekannten entdecken ... WEIL, wer mehr über KI weiß, viel besser versteht, was es heißt, ein Mensch zu sein.

Dr. Rebekka Reinhard ist Founder & Editor-in-Chief des *Human-Magazin*

... endlich seinen eigenen GPT bauen. Oder fünf davon. Bei mir waren es einer, der Polizeitexte umschreibt, und einer, der Essays bisher doch noch nicht so schreibt wie ich. KI ist Learning by Doing, und die eigenen GPTs sind der perfekte Spielplatz, um zumindest zur Vorschulreife zu gelangen.

Jan Georg Plavec ist Leitender Redakteur Datenjournalismus bei *Stuttgarter Zeitung/Stuttgarter Nachrichten* und Mitglied der KI-Arbeitsgruppe der Regionalzeitungen

... sollte sich bewusst machen, dass bildgenerierende KI eine äußerst leistungsfähige Kitschmaschine ist. (Und das ist weniger harmlos, als es zunächst klingt.) Blicken wir weit zurück: Kitsch als Massenphänomen trat mit der Industrialisierung in Erscheinung. Günstige Herstellungsverfahren auf der einen Seite und steigende Kaufkraft auf der anderen begünstigten die maschinelle Produktion ästhetischer Waren für einen breiten Geschmack. Um den Markt bestmöglich zu bedienen, waren auf der inhaltlichen Seite stereotype Eindeutigkeit sowie eine klare emotionale Erschließung ideal; auf der Ausdrucksebene der kleinste gemeinsame Nenner des Schönen und Dekorativen.

- Was hat das mit der KI-Revolution zu tun? Die Kitschwelle, auf der wir surfen, ist um ein Vielfaches größer als die des vergangenen Jahrhunderts – weil die Masse nicht mehr nur Kitsch konsumiert, sondern selbst produziert. Zudem wird dieser Kitsch nicht mehr nur gerahmt über dem Sofa hängen, sondern sämtliche Räume unserer medialen Welt durchdringen.
- Warum ist das erwähnenswert? Kitsch feiert Stereotype; Kitsch schließt das Einzigartige, das Marginale und das Interessante aus. Er reduziert die Welt auf Klischees, zielt auf den einfachen Effekt ab, bedient das eindeutige Gefühl. (Vermutlich ist Kitsch genau deshalb als visuelles Ausdrucksmittel in Diktaturen so beliebt …) Kitsch bildet die Welt nicht in ihrer Diversität und Komplexität ab. Es ist also höchste Zeit, dass unsere Medienkompetenz ein Update bekommt.
- Was hat das mit uns zu tun? In den Trainingsdaten, mit denen die KI gefüttert wurde, finden sich Stereotype, denn es handelt sich nicht um eine idealtypische Abbildung der Welt, sondern um unsere Bilder – unsere Perspektiven, unsere Codierungen. Aber: Auch der Geschmack der Konsumenten lenkt maßgeblich die Entwicklung von KI-Modellen. Wenn wir nicht gegen den Kitsch anarbeiten, wird die stereotype Homogenität der KI-Bildwelten größer. Nicht die Rezipienten der KI-Bilder sind die direkten Kunden der KI-Konzerne, sondern die Produzenten. Also in diesem Fall wir – alle, die sich mit Begeisterung auf die neuen

Technologien einlassen und ein Abo abschließen oder Credits kaufen, um die Bilder beruflich zu nutzen, aus Lust am Experimentieren oder für 15 Minuten Ruhm auf Instagram.

Kommunikationswissenschaftlerin und Digitalkuratorin Maren Burghard hat für die Ausstellung »New Realities – Wie Künstliche Intelligenz uns abbildet« im Museum für Kommunikation in Nürnberg KI-Kunst generiert.

... sich mit MI (Menschlicher Intelligenz) vernetzen und austauschen, schauen, was andere kluge Köpfe schon ausprobiert und herausgefunden haben, im Internet gibt es zig spannende Beispiele. Also kann ich nur raten: mit offenen Augen und Ohren durchs Netz surfen und sich permanent Updates und Best Practices suchen, weil das KI-Wissen rasant wächst und heute Aktuelles nächste Woche schon wieder alt sein kann. Wichtig dabei: Openminded sein, aber immer den kritischen Blick angeschaltet lassen. Surf-Tipp: der KI-Podcast von Gregor Schmalzried, Marie Kilg und Fritz Espenlaub, jede Folge spannend.

Lea Thies ist Leiterin der Günter Holland Journalistenschule der *Augsburger Allgemeinen*

... sich mit der Plattform Huggingface vertraut machen. Nerds finden hier die neusten Modelle, und Anfänger können viel ausprobieren, ohne zu programmieren.

Marie Kilg koordiniert Innovationsprojekte im Deutsche Welle Lab. Sie ist Host des KI-Podcasts von *BR & SWR* und schreibt den KI-Newsletter bei *ZEIT Online*.

... sich auch mit Fragen zu Produktionsbedingungen und ökologischen Auswirkungen auseinandersetzen und z. B. *Atlas of AI* von Kate Crawford lesen.

Jenifer Becker hat 2023 ihren Debütroman *In Zeiten der Langeweile* veröffentlicht. In aktuellen künstlerisch-wissenschaftlichen Projekten (wie »Literarisches Arbeiten mit ChatGPT«) forscht sie zum Einfluss lernfähiger Technologien (KI) auf Schreibprozesse.

... viel Neugier mitbringen und immer wieder neue Produkte und Werkzeuge ausprobieren. Außerdem hilft es, *Exponential View* von Azeem Azhar zu lesen, Hard Fork von Kevin Roose und Casey Newton zu hören und natürlich mein Buch *Künstliche Intelligenz kompakt* durchzuarbeiten, was sehr schnell geht, denn es liefert einen leichten Einstieg in das Thema.

Nico Lumma ist Managing Partner der NMA Venture Capital GmbH in Hamburg

» Dirk und Franz nehmen sich vor, weiterzufragen – und das Thema weiterzubegleiten. Mehr dazu findest du auf dirkvongehlen.de und franzhimpsl.com. Dazu laden wir dich ein, in Kontakt zu treten – schreib uns!

TEIL IX

GLOSSAR UND ANHANG

50. KI-GLOSSAR

[von Dirk und Franz] Um das Thema dieses Buches kreisen viele Fachbegriffe und in diesem Kapitel wollen wir ein paar von ihnen kurz erklären. Beginnen wir mit dem Kernbegriff selbst: **Künstliche Intelligenz**, kurz KI, steht für eine Reihe von Technologien, die in der Lage sind, Aufgaben auszuführen, die bisher der menschlichen Intelligenz vorbehalten waren. Damit sind allerdings nicht nur intellektuelle Tätigkeiten wie Argumentieren, Problemlösen, Kreativität oder Entscheidungsfindung gemeint, sondern auch andere Aspekte, die mit menschlicher Intelligenz zusammenhängen – Motorik etwa (die Steuerung von Bewegungen, etwa bei Robotern) oder visuelle Wahrnehmung (die Fähigkeit, Bilder oder Videos zu interpretieren, beispielsweise bei Gesichtserkennungssystemen).[78]

Nun kann man sich trefflich darüber streiten, ob Maschinen überhaupt so etwas wie eine »künstliche« Intelligenz haben können. Der Zukunftsforscher Matthias Horx etwa argumentiert, Intelligenz sei ein Konzept, das vom Menschen ausgehend entwickelt wurde, und dessen Intelligenz sei eben auch geprägt von Gefühlen, Empfindungen und Leiblichkeit – also Bewusstseinszuständen, die vermeintlich intelligenten Maschinen fremd sind.[79] Für den Alltagsgebrauch sind solche philosophischen Fragen nicht unbedingt entscheidend. Wichtig ist vor allem, dass man seine Erwartungen richtig justiert: Eine KI ist kein von Maschinen erzeugter menschlicher Geist, sondern eine Technologie, die Teilaspekte des Geistes mittels mathematischer Methoden nachahmt.

Angetrieben wird diese Technologie in den meisten Fällen durch **maschinelles Lernen** (ML). Die Grundidee dabei ist, dass man einen Computer nicht programmiert – ihm also strikte Wenn-dann-Vorgaben macht –, sondern ihm mittels großer Mengen von Daten beibringt, Muster zu erkennen und daraus Schlüsse zu ziehen.

Maschinen lernen auf unterschiedliche Arten. Beim **überwachten Lernen** trainiert man den Computer mit Daten, bei denen die richtigen Antworten bekannt sind. Zum Beispiel zeigt man dem System Bilder von Katzen und Hunden, die bereits korrekt beschriftet sind. Nach vielen Durchgängen lernt das System immer besser, die Merkmale beider Tiere zu unterscheiden. Wird es mit einem unbekannten Bild von einer Katze oder einem Hund konfrontiert, ist es irgendwann in der Lage, die Bilder richtig zuzuordnen.

KI-Systeme können sich aber auch ohne solche Vorgaben aneignen, bestimmte Strukturen zu erkennen. Man spricht dann von **unüberwachtem Lernen**. Ein Algorithmus könnte beispielsweise das Kaufverhalten von Kund:innen analysieren und diese dann in unterschiedliche Segmente einteilen, die man dann im Marketing nutzen kann, um bestimmte potenzielle Zielgruppen zielgenauer anzusprechen. Der springende Punkt ist hier: Man hat vorher gar nicht festgelegt, welche Gruppen man haben möchte, sondern die KI findet diese selbstständig aufgrund bestimmter Kund:innen-Vorlieben.

Daneben existiert auch das **bestärkende Lernen**, bei dem man zwar im Voraus keine Vorgaben macht, aber im Nachhinein Feedback gibt. Man denke an das Beispiel Schach: Der Algorithmus spielt unzählige Partien. Gewinnt er, erhält er eine Belohnung, verliert er, wird er bestraft. Das Ziel des Systems ist, die Belohnungen zu maximieren und die Bestrafungen zu minimieren. Nach und nach lernt das System auf diese Weise, welche Zug-Kombinationen zum Erfolg führen und welche nicht.

Apropos **Algorithmus** – was ist das eigentlich? Einfach ausgedrückt handelt es sich um eine Abfolge von Anweisungen oder Regeln, die ein Computer ausführt. Die Art des verwendeten Algorithmus hängt von der spezifischen Aufgabe ab. Die Lernmethode bestimmt, welche Art von Daten oder Feedback der Algorithmus erhält, und der Algorithmus selbst ist der Prozess, der diese Daten verarbeitet, um eine Lösung zu finden. Diese Systeme basieren auf einem **Modell**, das mit einer sehr großen Menge an Daten trainiert und dadurch optimiert wird. Es beschreibt mathematische Beziehungen zwischen Eingaben und Ausgaben. So kann es neue, bisher unbekannte Daten analysieren und Vorhersagen treffen. Das Modell stellt sozusagen die »Erfahrung« dar, die die Maschine während des Trainings sammelt – so wie ein Mensch, indem er immer mehr Lebenserfahrung hat, immer besser auf neue Situationen reagieren kann.

Ein wichtiger Bestandteil des maschinellen Lernens sind **neuronale Netze**. Die Idee dahinter haben sich die Entwickler gewissermaßen von unserem Gehirn abgeschaut, denn diese Netze bestehen aus Schichten von »Neuronen«, die Signale weiterleiten und dabei lernen, welche Kombinationen von Eingaben zu richtigen Ausgaben führen. Wenn man viele dieser Schichten zusammenpackt, spricht man von Deep Learning – und damit lassen sich extrem komplexe Aufgaben bewältigen.

Eine dieser komplexen Aufgaben ist die **natürliche Sprachverarbeitung**, also die Fähigkeit von Computern, menschliche Sprache zu verstehen und zu erzeugen. Auf Englisch heißt dieses Feld **Natural Language Processing** (NLP – nicht zu verwechseln mit der Kommunikationstechnik des Neuro-Linguistischen Programmierens, das genauso abgekürzt wird). Wenn du schon mal mit einem Sprachassistenten wie Siri gesprochen hast oder automatische Übersetzungen genutzt hast, dann hast du NLP schon mal in Aktion erlebt.

Eine besondere Rolle im Bereich der natürlichen Sprachverarbeitung spielen sogenannte **Large Language Models** (LLMs). Dabei handelt es sich um KI-Systeme, die Sprache verstehen und erzeugen können. LLMs basieren auf neuronalen Netzen und nutzen den Transformer-Ansatz, um Sprachmuster zu verarbeiten. Daher kommt übrigens auch das **GPT** in »ChatGPT«: Es steht für »generative pre-trained transformer«, ist also ein Modell, das neue Texte *generiert*, dafür vorher mit großen Textmengen *trainiert* wurde und dank des *Transformer*-Ansatzes in der Lage ist, den Kontext eines Textes präzise zu analysieren. Der Transformer nutzt dabei den sogenannten Self-Attention-Mechanismus, der es dem Modell ermöglicht, die Bedeutung von Wörtern im Verhältnis zu anderen Wörtern im Text zu erkennen. Dadurch kann ein GPT nicht nur grammatikalisch korrekte Sätze erzeugen, sondern auch inhaltlich zusammenhängende Antworten liefern.

Und weil Maschinen mittlerweile in der Lage sind, menschliche Sprache zu verstehen und sogar selbst zu erzeugen, sind Anwendungen wie ChatGPT so erfolgreich geworden. Man zählt sie zur **generativen KI**, also zu einer Form der künstlichen Intelligenz, die Texte, aber auch andere Inhalte wie Bilder oder Musik erschaffen kann, indem sie auf der Grundlage gelernter Daten neue, passende Kombinationen erstellt. Ein Durchbruch in diesem Bereich war der **Transformer**, der die Eingabedaten so transformiert, dass die KI Muster und Zusammenhänge effizienter erkennt. Durch den sogenannten Self-Attention-Mechanismus kann der Transformer relevante Informationen priorisieren, was die Verarbeitung von Sprache und Texten erheblich verbessert hat.

Mit der Verbreitung von ChatGPT und anderen KI-Systemen hat auch die ethische Diskussion um künstliche Intelligenz an Fahrt aufgenommen. Ein Problem, das in den Fokus rückt, ist das **Bias-Problem.** Bias, englisch für Voreingenommenheit, bedeutet, dass durch unausgewogene oder fehlerhafte Daten in den Ergebnissen der KI Fehler auftreten können. Diese Verzerrungen können zu diskriminierenden oder unfairen Entscheidungen führen, was in vielen Bereichen – von der Justiz bis hin zur Medizin – schwerwiegende Folgen haben kann. Umso wichtiger erscheint, KI-Entscheidungen transparent zu gestalten; **Explainable AI** oder kurz XAI lautet das zugehörige Schlagwort. Sie zielt darauf ab, die oft hochgradig komplexen und dadurch undurchschaubaren Entscheidungsprozesse von KI-Modellen verständlicher und nachvollziehbarer zu machen.

ANMERKUNGEN

1 Brockman, Greg (2022): @gdb: https://x.com/gdb/status/1599683104142430208
2 Stöcker, Christian (2020): Wir Menschen sind die Messlatte, und sie hängt niedrig, www.spiegel.de/wissenschaft/mensch/ki-system-gpt-3-wir-menschen-sind-die-messlatte-und-sie-haengt-niedrig-kolumne-a-a58161b8-ea8c-4b5c-942d-43b2467df5ea
3 Dieses Muster der Angst-Erzählung greift übrigens nicht überall auf die gleiche Weise. Der *Economist* berichtet, dass Japan diese Form der Sorge gar nicht kennt. Das Land sieht sich selbst als Vorreiter in Sachen künstlicher Intelligenz.
4 Zitiert nach Freud, Sigmund (1919): »Das Unheimliche«, www.reclam.de/data/media/978-3-15-014030-7.pdf
5 Koch, Christoph (2024): »Optimismus kann man lernen«, Interview mit Kevin Kelly, BrandEins, www.brandeins.de/magazine/brand-eins-thema/it-dienstleister-2024/kevin-kelly-optimismus-kann-man-lernen
6 Huang, Jensen (2024): GTC March 2024 Keynote with NVIDIA CEO Jensen Huang, www.youtube.com/live/Y2F8yisiS6E
7 Harari, Yuval Noah (2024): What Happens When the Bots Compete for Your Love?, www.nytimes.com/2024/09/04/opinion/yuval-harari-ai-democracy.html
8 Zweig, Katharina (2023): Kann ChatGPT Desinformation erkennen?, www.bundesregierung.de/breg-de/schwerpunkte/umgang-mit-desinformation/chatgpt-desinformation-2197678
9 Spitzer, Manfred (2023): Wie KI uns rettet und bedroht, www.swr.de/swr1/rp/programm/hirnforscher-wie-ki-uns-rettet-und-bedroht-100.html
10 Das Buch »Meta – das Ende des Durchschnitts« ist 2017 im Verlag Matthes & Seitz Berlin erschienen.
11 Foster, T. J. (2023): The AI Content Creator's Handbook: The Ultimate Guide to Creating Content with Artificial Intelligence. (Ohne Verlag.)
12 OpenAI 2022: DALL·E: Introducing outpainting, https://openai.com/index/dall-e-introducing-outpainting/
13 Brownlee, Marques (2024): AI Generated Videos Just Changed Forever, https://youtu.be/NXpdyAWLDas
14 Mehr zum Eliza-Effekt hier: https://academic.oup.com/book/39707/chapter-abstract/339718866?redirectedFrom=fulltext
15 Vortrag von André Frank Zimpel auf der re:publica 2024, www.youtube.com/watch?v=jPbi0ktPOmA
16 Ebd.

17 Tatsächlich lässt sich diese Anekdote nur schwer verifizieren. Spannenderweise zeigt sie, selbst wenn sie nicht stimmen sollte, sehr anschaulich den Wert der sozialen Konstruktion und der damit verbundenen Erwartung für unsere Wertschätzung.
18 Weisbrod, Lars (2024): Das Ende von Social Media, www.zeit.de/2024/08/soziale-medien-nutzung-facebook-instagram & Newport, Cal (2023): We don't need a new Twitter, www.newyorker.com/culture/cultural-comment/we-dont-need-a-new-twitter & The Economist (2024): The end of the social network, www.economist.com/leaders/2024/02/01/the-end-of-the-social-network
19 Der Podcast steht auf der Website www.shellgame.co/
20 Jaekl, Philip (2018): »The reason the sound of your own voice makes you crazy«, www.theguardian.com/science/2018/jul/12/the-real-reason-the-sound-of-your-own-voice-makes-you-cringe
21 Übersetzter, autorisierter Wiederabdruck des zunächst 1970 auf Japanisch erschienen Aufsatzes: Mori, Masahiro (2012): The Uncanny Valley, https://doi.org/10.1109/MRA.2012.2192811, hier insbes. S. 99.
22 Für die erste Sichtweise siehe etwa Barthes, Roland (1989): Die helle Kammer – Bemerkung zur Photographie, Frankfurt. Er betont den dokumentarischen Charakter der Fotografie, das Einfangen der Realität. Für die zweite Sichtweise siehe Flusser, Vilém (1983): Für eine Philosophie der Fotografie, Göttingen. Flusser argumentiert, dass von technischen Apparaten erzeugte Bilder nie die unmittelbare Realität abbilden, sondern immer Ergebnisse programmierter Prozesse sind.
23 Foresman, Chris (2010), HDR photography with iPhone4 and iOS 4.1.: How good is it?, https://arstechnica.com/gadgets/2010/09/hdr-photography-with-iphone-4-and-ios-41/
24 Well, Tara (2023): The hidden danger of online beauty filters, www.psychologytoday.com/us/blog/the-clarity/202303/can-beauty-filters-damage-your-self-esteem
25 Vincent, James & Porter, Jon (2023): Samsung caught faking zoom photos of the Moon, www.theverge.com/2023/3/13/23637401/samsung-fake-moon-photos-ai-galaxy-s21-s23-ultra
26 Eldagsen, Boris (2023): Sony World Photography Awards 2023, www.eldagsen.com/sony-world-photography-awards-2023/
27 Brown, C. Scott (2024): In a strange twist, a real photo just won an AI photo contest, www.androidauthority.com/real-photo-wins-ai-contest-3451078/
28 Nayler, Ray (2023): AI and the Rise of Mediocrity, https://time.com/6337835/ai-mediocrity-essay/
29 Freud, Sigmund (1919): »Das Unheimliche«, www.reclam.de/data/media/978-3-15-014030-7.pdf
30 Lesetipp: das Blog *Nazis & Goldmund*, das Thomas Köck mit initiiert hat. Online unter: www.nazisundgoldmund.net
31 Interessanterweise wird der Einsatz von KI in der Psychotherapie

zunehmend diskutiert. Vgl. Link, Martin et al. (2023): Anwendung Künstlicher Intelligenz in der Psychotherapie: Methodische, technische, wirtschaftliche und zielgruppenspezifische Implikationen, https://doi.org/10.1007/978-3-658-42060-4_9

32 Baikie, Karen A. & Wilhelm, Kay (2018): Emotional and physical health benefits of expressive writing, in: Advances in Psychiatric Treatment, https://doi.org/10.1192/apt.11.5.338

33 Kelly, Kevin (2023): The Universal Intern and Partner: How Generative AI is Changing How we Work, https://schedule.sxsw.com/2023/events/PP1143177

34 Kelly, Kevin (2022): Picture Limitless Creativity at Your Fingertips, www.wired.com/story/picture-limitless-creativity-ai-image-generators/

35 Kahn, Jennifer (2002). »It's Alive«. *Wired*. Vol. 10, no. 30. Retrieved 24 Aug 2008.

36 Ayan, Steve (2016): Lockerlassen – warum weniger Denken mehr bringt, S. 14 – Der Satz »Es gibt kein wahres Ich« steht übrigens nicht nur in Ayans Buch. Auch in dem Tocotronic-Song *Imitationen* ist genau dieser Satz zu hören. Ob Ayan Tocotronic zitiert hat oder Tocotronic Steven Ayan, ist unklar. Sicher ist aber, dass die These aus Kapitel 32 gilt: Wir können die Welt in Tocotronic-Zitaten verstehen.

37 Koch, Christoph (2024): »Optimismus kann man lernen«, Interview mit Kevin Kelly, www.brandeins.de/magazine/brand-eins-thema/it-dienstleister-2024/kevin-kelly-optimismus-kann-man-lernen

38 Zitiert nach Müller, Daniel (2021): »Mach keinen Plan, dann kann nichts schiefgehen« www.zeit.de/zeit-wissen/2021/01/ungewissheit-planen-2020-zufall-spontanitaet-offenheit

39 Dweck, Carol (2006): Selbstbild – wie unser Denken Erfolge und Niederlagen bewirkt, Piper, S. 27.

40 Dweck, Carol (2014): »Developing a growth mindset«, www.youtube.com/watch?v=hiiEeMN7vbQ

41 Gardner, Howard (2020): »A Resurgence of Interest in existential intelligence«, www.howardgardner.com/howards-blog/a-resurgence-of-interest-in-existential-intelligence-why-now

42 Graham, Paul (2024): »Writes And Write-Nots«, https://paulgraham.com/writes.html

43 CBC-Dokumentation (2021): »The Machine that feels«, www.cbc.ca/documentaries/the-nature-of-things/after-her-best-friend-died-this-programmer-created-an-ai-chatbot-from-his-texts-to-talk-to-him-again-1.6252286

44 Evan, Ben (2024): »Looking for Ai-Usecases«, www.ben-evans.com/benedictevans/2024/4/19/looking-for-ai-use-cases

45 Selbst übersetzt nach Sabouret, Nicolas: Understand Artifical Intelligence.

46 Solnit, Rebecca (2019): Wanderlust, S. 31.

47 Zitiert nach Stillman, Jessica (2024): »Steve Jobs swore the 10-minute-rule made him smarter«, www.inc.com/jessica-stillman/steve-jobs-swore-10-minute-rule-made-him-smarter-modern-neuroscience-discovering-he-was-right.html
48 Robson, David (2024): »The Big Idea: How the protégé effect can you help learn almost anything«, www.theguardian.com/books/article/2024/sep/09/the-big-idea-how-the-protege-effect-can-help-you-learn-almost-anything
49 »Ich mag dich einfach nicht mehr so«, Tocotronic 1995.
50 Übersetzt vom Autor, zitiert nach Thompson, Ben (2024): »Enterprise Philosophy and the first wave of AI«, https://stratechery.com/2024/enterprise-philosophy-and-the-first-wave-of-ai/
51 Video-Ausschnitt »Bicycle of the mind« auf YouTube, www.youtube.com/watch?v=KmuP8gsgWb8
52 Mollick, Ethan (2024): »Co-Intelligence«, ebook.
53 von Gehlen, Dirk (2023): 24 intelligente Vorsätze: Im neuen Jahr KI besser verstehen, www.dirkvongehlen.de/ich/24-intelligente-vorsaetze-im-neuen-jahr-ki-besser-verstehen-digitale-januar-notizen/
54 Tagesschau-Meldung (2023): »Experten fordern Pause bei KI-Entwicklung«, www.tagesschau.de/wissen/musk-tech-pause-ki-entwicklung-101.html
55 Während wir dieses Interview führten, machte die Meldung die Runde, dass Microsoft und Google eben wegen des hohen Energieverbrauchs durch KI Atomkraftwerke bauen wollen.
56 Henning, Maximilian (2024): Die eigentlichen Regeln für ChatGPT kommen noch, https://netzpolitik.org/2024/europaeische-ki-verordnung-die-eigentlichen-regeln-fuer-chatgpt-kommen-noch/
57 Meldung »Der Spiegel« (2024): »Umstrittenes KI-Gedächtnis wegen Kritik verschoben«, www.spiegel.de/netzwelt/apps/microsoft-funktion-recall-umstrittenes-ki-gedaechtnis-wegen-kritik-verschoben-a-96dd2e8c-6866-4bc7-b741-376670fa280d
58 Schöler, Leonie (2024): »Die Tagebücher Victor Klemperers«, www.deutschlandradio.de/victor-klemperers-tagebuecher-als-podcast-100.html
59 Meldung Tagesschau (2024): Microsoft verschiebt KI-Suchfunktion, www.tagesschau.de/wirtschaft/technologie/microsoft-ki-suchfunktion-verschoben-100.html
60 Produktbeschreibung von Microsoft im eigenen Weblog unter https://blogs.windows.com/windowsexperience/2024/06/07/update-on-the-recall-preview-feature-for-copilot-pcs/
61 van Ess, Henk (2024): Practical Guide to Identifying Machine-Written Content, www.digitaldigging.org/p/practical-guide-to-identifying-machine?r=jz3z6
62 Zitiert nach www.ideou.com/en-gb/blogs/inspiration/12-power-skills-to-fuel-your-growth-in-2024

63 Zitiert nach www.bundestag.de/dokumente/textarchiv/2017/kw13-de-automatisiertes-fahren-499928

64 Serie im Deutschlandfunk (2024): Energiehunger durch KI, www.deutschlandfunk.de/atomkraft-akw-ki-energie-100.html

65 Kloiber, Julia: Zitiert nach der Umfrage, die wir in Kapitel 49 abbilden – dirkvongehlen.de

66 Oswald, Bernd (2023): Von ChatGPT erfundene Fälle: Anwälte müssen Geldstrafe zahlen, www.br.de/nachrichten/netzwelt/von-chatgpt-erfundene-faelle-anwaelte-muessen-geldstrafe-zahlen,Ti0eO7r

67 Burke, Garance & Schellmann, Hilke (2024): OpenAI's transcription tool hallucinates more than any other, experts say—but hospitals keep using it, https://fortune.com/2024/10/26/openai-transcription-tool-whisper-hallucination-rate-ai-tools-hospitals-patients-doctors/

68 Frankfurt, Harry (2005): On Bullshit. Princeton.

69 McCarthy, Ian (2020): »Bullshit ist gefährlicher als Lügen«, in: ntv, www.n-tv.de/leben/Bullshit-ist-gefaehrlicher-als-Luegen-article21945688.html

70 Hannigan, Timothy et al. (2024): »Beware of botshit: How to manage the epistemic risks of generative chatbots«, in: Business Horizons, https://doi.org/10.1016/j.bushor.2024.03.001

71 1, 3 und 4 sind wahr; 2, 5 und 6 falsch.

72 Reagle, Joseph (2019): Hacking Life: Systematized Living and Its Discontents, https://doi.org/10.7551/mitpress/11582.001.0001

73 Griffith, Erin (2024): Honey, I Love You. Didn't You See My Slack About It?, www.nytimes.com/2024/05/12/business/relationships-trello-slack-notion.html

74 Snow, C. P. (1959): The Two Cultures, www.newstatesman.com/culture/2013/01/c-p-snow-two-cultures

75 Dediu, Horace (2011): Steve Jobs's Ultimate Lesson for Companies, https://hbr.org/2011/08/steve-jobss-ultimate-lesson-fo

76 Gardner, Howard (2023): »ChatGPT: First Musings«, www.howardgardner.com/howards-blog/a-hrefhttpsthegoodprojectsquarespacecomgood-blog202395chat-gpt-first-musingschat-gpt-first-musingsa

77 Lex Fridman Podcast (2023): #367 – Sam Altman: OpenAI CEO on GPT-4, ChatGPT, and the Future of AI, https://podcasts.apple.com/de/podcast/lex-fridman-podcast/id1434243584?i=1000605876923, insbes. 2:18:08–2:19:31.

78 Boden, Margaret A. (2018): Artificial Intelligence: A Very Short Introduction. Oxford. S. 1.

79 Horx, Matthias (2024): Das KI Manifest: 37 Parolen, Thesen und Gebote zur wahren Zukunft der Künstlichen Intelligenz und der menschlichen Kreativität. Frankfurt. S. 17.